GUEST HOUSE
2만원의 행복;
게스트하우스
서울

게스트하우스 서울

1판 1쇄 인쇄 2014년 8월 25일
1판 1쇄 발행 2014년 9월 1일

지은이 _ 권혜진
펴낸이 _ 정원정, 김자영
편집 _ 홍현숙
디자인 _ 김민정 010-3354-5646

펴낸곳 _ 즐거운상상
주소 _ 서울시 종로구 필운대로 5길 26-1(누하동 158-3)
전화 _ 02-706-9452 팩스 _ 02-706-9458
전자우편 _ happywitches@naver.com
출판등록 _ 2001년 5월 7일
인쇄 _ 선경프린테크

ISBN 979-11-5536-016-3

* 이 책의 모든 글과 그림, 사진, 디자인을 무단으로 복사, 복제, 전재하는 것은 저작권법에 위배됩니다.
* 책값은 뒤표지에 있습니다.
* 파본은 구입처에서 교환할 수 있습니다.

GUEST HOUSE

2만원의 행복;
게스트하우스 서울

글과 사진
권혜진

즐거운상상

일상과 여행이 맞닿는 '서울 게스트하우스' 여행

지난 10년 동안 틈틈이 20여 개국의 크고 작은 도시와 마을을 돌아다녔다. 우연히 본 잡지 속 풍경에 반해 비행기를 타기도 했고 때로는 하루에 10시간씩 걷는 것도 마다 하지 않을 만큼 열정적인 여행을 즐겨왔다. 그러다보니 여러 나라의 숙소를 체험했고 여러 나라의 친구들을 만날 수 있었다. 그런 나에게 서울은 '사는 도시' 그 이상도 이하도 아니었다. 늘 머릿속에는 서울을 떠날 생각으로만 가득 차 있었으니까. 그런데 우연한 인연으로 '서울 게스트하우스' 책을 쓰게 됐다. 지난 몇 계절 동안 서울에 있는 여러 게스트하우스에서 묵으며 주인장과 다른 여행자들과 수다도 떨고 주변 관광지나 맛집을 열심히 돌아다녔다. 서울에 오래 살았지만 여행한 적은 없었기 때문에 유럽 여행보다 색다르고 신기한 경험이기도 했다.

서울을 찾는 이들이 많아지면서 곳곳에 게스트하우스가 많아졌다. 등록된 게스트하우스만도 5백 개에 달하며, 홍대 앞이나 종로처럼 이미 포화상태인 지역도 있고 다른 지역으로도 확산되는 추세다. 숙소를 고르는 즐거움으로 이미 여행은 시작된 거나 마찬가지였으니 급할 것도 힘들 것도 없었다. 오래된 한옥을 수리한 곳부터 최신식 디자인하우스까지 그 다양함은 기대 이상이었고 흥미로웠다.

게스트하우스를 운영하고 있는 주인들은 대부분 안정된 삶을 뒤로 하고 도전을 택한 사람들이었다. 공무원을 그만두고 제2의 인생을 시작한 사람, 대기업 고액 연봉을 포기하고 여행자를 맞이하는 삶을 택한 사람, 여행 중에 만난 친구와 게스트하우스를 함께 시작한 사람, 공모전에서 받은 상금으로 게스트하우스를 만든 사람 등 20대의 젊은이들부터 20대의 자식을 둔 노년층까지 다양한 이들이 게스트하우스를 운영하고 있었다. 이들에게 공통 분모가 있다면 즐겁게 살고자 하는 의지였다.

서울 곳곳의 게스트하우스에 묵으면서 정말 다양한 나라의 사람들을 만날 수 있었

다. 한국어를 곧잘 하는 외국인들도 꽤 있었다. 한국의 드라마나 노래가 좋아서, 서울이 좋아서 왔다는 말을 들으며 달라진 서울의 위상을 실감했다. 비단 여행뿐 아니라 출장이나 경조사 혹은 학교 수업 등 머무는 목적도 다양했다. 하루 머무는 이부터 오래 머무는 사람들까지 휴지에 물이 스며들 듯 자연스럽게 서울에 녹아들고 싶어했다. 게스트하우스를 운영하는 사람이나 찾는 사람들 모두 열린 마음으로 서로를 대했다. 반가워요! 여기서 만난 것도 인연, 짧은 시간이지만 우리 잘 지내 보아요, 하는 그런 분위기 말이다. 국적, 성별, 나이 따위는 상관없어 보였다.

취재를 하면서 콘크리트 바닥에 카메라를 떨어뜨리기도 하고 너무 열심히 걷다가 깁스를 하고 병원 신세도 졌다. 게스트하우스 근처의 맛집에 혼자 가서 두 가지 메뉴를 맛보기도 했다. 만나자마자 마음이 통해서 바로 친구가 된 이도 있고, 다가가고 싶었지만 혼자이고 싶어해서 존중해 주기도 했다. 호스트의 환대에 가슴 따뜻해지는 순간도 여러 번이었다. 여행을 다니다 보면 그곳에 사는 사람들은 그냥 지나칠 수 있는 것들이 특별하게 다가오는 경우가 많다. 수없이 지나쳤어도 보지 못했던 서울의 풍경들이 여행자의 시선으로 보니 새로웠다.

처음 가보는 동네의 지도를 보는 것, 주변 맛집을 찾아보는 것, 지구 반대편에서 찾아온 외국인과 한국어로 대화하는 것, 우리 동네에는 없는 새로운 그 무언가가 있는 것, 서울에 살지만, 서울로 여행을 가는 것. 비행기를 타고 바다를 건너는 것만이 진짜 여행은 아니다. 커다란 트렁크, 긴 일정으로 떠나야만 여행이 아니다. 멀리 가지 않아도 된다. 서울 안에서도 얼마든지 여행을 할 수 있다. 여행을 좋아하는 당신, 똑같은 날들이 무료해진 당신, 활력소가 필요한 당신, 서울 게스트하우스를 골라보자. 일상과 여행이 맞닿아 있는 시간이 기다리고 있다.

2014년 권혜진

[Contents]

Prologue 일상과 여행이 맞닿는 '서울 게스트하우스' 여행 _4
Guesthouse FAQ 게스트하우스 가기 전에 알아두기 _8

Part 1 | 북촌 & 서촌

10 **소풍 게스트하우스**
소풍가듯 설레며 찾아가다

20 **바인하우스 게스트하우스**
정겨운 옛날 한옥 그대로

30 **북촌마루 게스트하우스**
한옥의 멋을 고스란히 담다

40 **서울 스토리 하우스**
삼청동의 전망 좋은 집

48 **소리울 게스트하우스**
소리가 울리는 예술가들의 집

56 **호스텔 코리아 11th 창덕궁점**
우리나라 1세대 게스트하우스

64 **미세스윤 비앤비**
파티하기 좋은 프리미엄 스위트룸

72 **세종하우스 게스트하우스**
잠을 부르는 한옥 온돌 도미토리

82 **휴안 게스트하우스**
백년의 서울을 간직한 정갈한 한옥 한 채

◆ Other Guesthouse

애플 백팩커스_90 | 궁 게스트하우스_91

Part 2 | 홍대

92 **수토메 게스트하우스**
예술과 여행이 만나는 집

102 **서울베이스캠프 게스트하우스**
이상한 여행자들의 소굴

112 **이슈 서울 게스트하우스**
홍대 앞 리틀 차이나

122 **크로스로드 백팩커스**
즐기고 싶은 자 여기로 오라!

136 **마이 홍대 게스트하우스**
나눔에 동참하는 체험형 숙소

146 **메이 게스트하우스**
커피와 와플이 있는 게스트하우스

◆ Other Guesthouse

또문 다락방_154 | 시스 앤 브로 게스트하우스_155
HATO 게스트하우스_156 | B guesthouse_157
V mansion_158 | Uwa 게스트하우스_159

Part 3 | 도심 & 강남

160 **CUbnb 게스트하우스**
친구집 같은 가정식 게스트하우스

168 **굿데이코리아 게스트하우스**
한남동의 우아한 저택

176 **B my 게스트하우스**
강렬한 레드의 유혹

186 **김치 게스트하우스**
강남 한복판 초대형 게스트하우스

194 **더 집 게스트하우스**
여성 전용 부티크 하우스

◆ Other Guesthouse

다가온 게스트하우스_200 | Feliz 게스트하우스_201
Hostel KW 신사_202 | kyo's house_203
강남 게스트하우스_204 | 빅존스 플레이스_205
SOO 게스트하우스_206 | GUEST HOUSE K_207
곰 게스트하우스-서울역점_208 | 마고 게스트하우스_20
더 자 강남역 게스트하우스_210 | 진'S 파라다이스_211

Seoul tour tip

212 **여행 전에 알아두기**
심야 전용 올빼미 버스
무거운 짐 들고 다니지 말자

214 **시티 투어**
강남시티투어
서울시티투어

216 **스마트한 여행을 위해**
스마트폰 어플리케이션

게스트하우스 가기 전에 알아두기

Q 게스트하우스가 뭔가요?

A 여행자를 위한 숙소다. 침실, 화장실 및 샤워실, 주방, 거실 등의 공간을 공용으로 이용한다. 본인의 여행 짐만 가져가면 집처럼 이용할 수 있는 시설이라서 요즘엔 출장이나 장기 숙소로 이용되기도 한다. 각자 침대나 방이 배정되고 저렴하게는 2만원 안팎의 숙박비로 하룻밤 머물 수 있다. 한옥이나 디자인 하우스 등 종류도 다양해 고르는 재미가 있다. 정보 공유가 많아서 별다른 준비 없이 여행길에 나선 사람들도 도움을 받을 수 있고, 무엇보다 혼자 가더라도 친구가 생기고 함께 시간을 보내는 게 지극히 자연스러운 공간이다.

Q 게스트하우스는 외국에만 있는 줄 알았는데 우리나라에는 언제 생겼나요?

A 10년 전부터 소소하게 생겨나기 시작해서 최근 2년 사이에 규모가 커졌다. 앞으로도 한동안은 게스트하우스가 인기를 끌 것으로 보인다.

Q 서울에는 게스트하우스가 몇 개 있나요?

A 주로 밀집해 있는 지역이 정해져 있고 계속해서 생기고 없어지고를 반복하지만 서울 시내에만 등록업체가 480개(2014년 5월말 기준)에 달한다.

Q 예약과 결제는 어떻게 하나요?

A 홈페이지에 글을 남기거나 전화를 이용한다. 현금 혹은 카드로 결제한다.

Q 입실 퇴실 시간이 있나요?

A 보통 입실은 오후 2시 이후고 퇴실은 오전 11시 경이다. 입퇴실 시간 사이에 청소를 하는데 이동 시간에 따라 양해를 구해서 시간을 조정하거나 짐을 맡기고 움직일 수 있다. 입실 퇴실 시간이 정해져 있지만 간혹 상관하지 않는 게스트하우스도 있다.

Q 잠자는 방은 어떻게 생겼나요?

A 일반 가정집의 방부터 독특한 테마의 방까지 다양하다. 이층침대가 여러 개 놓여있는 도미토리부터 온돌방, 침대방 등 선택의 폭이 넓다.

Q 조식을 제공하나요?

A 시리얼이나 빵 등의 간단 조식부터 한상 가득 차려지는 식사도 있다. 인심 좋은 주인은 중간중간 간식도 제공한다.

Q 준비해야 할 물품이 있나요?

A 샴푸나 치약 수건 등은 제공을 받지만 칫솔이나 폼클렌징 등은 챙겨야 한다. 가벼운 실내용 슬리퍼를 준비하면 편리하다.

Q 게스트하우스엔 어떤 사람들이 오나요?

A 여행자들이 많다. 최근에는 지방에서 서울로, 외국에서 서울로. 장기 숙박이나 출장, 결혼식 참석 등을 위해서 머무는 사람들이 늘고 있다.

Q 좋은 게스트하우스를 어떻게 고르나요?

A 숙박 예약 사이트에서 사진과 후기를 보고 선택하거나, 홈페이지를 둘러보고 끌리는 곳으로 갈 수도 있다. 목적지나 이동 경로, 교통편 등을 따져서 선택하는 것이 보통이다.

Q 남녀 혼숙도 있다는데 사실인가요?

A 있다. 여러 명이 함께 머무는 도미토리가 그러한데 예전보다 늘어나는 추세이다. 여성 전용 방을 운영하는 경우가 많아 선택할 수 있다.

Q 혼자 가도 되나요?

A 게스트하우스에는 나홀로 여행객이 많다. 혼자 방 안에서 조용히 있는 사람도 있고 공용공간으로 나와 적극적으로 어울리는 사람도 있다. 조용히 앉아서 사람들 어울리는 걸 재밌게 지켜보는 사람들도 있다. 수줍어하지 말고 자연스럽게 어울려보자.

Q 위험하지는 않나요?

A 호스트나 직원들이 함께 머물고 CCTV 등 보안에 신경을 쓰므로 위험하지 않다. 늦은 밤 귀가해도 안심하고 머물 수 있으니 겁먹지 않아도 된다.

Q 요리해 먹을 수 있나요?

A 게스트하우스 규칙에 따라 주방을 이용할 수 있다. 취사도구가 구비된 곳이 대부분이지만 미리 확인이 필요하다.

Q 이불은 깨끗한가요?

A 지저분한 곳은 게스트들 사이에 금방 입소문이 나 청결에 신경을 많이 쓴다. 손님이 나가면 제일 먼저 이불 빨래부터 하는 곳들도 많고 게스트가 시트나 커버를 받아서 교체해서 사용하는 곳도 있다.

Q 게스트하우스는 가정집 느낌인가요?

A 가정집 느낌이 물씬 나는 곳도 있고 호텔형도 있다. 원하는 분위기의 게스트하우스를 선택할 수 있을 정도로 서울 시내 게스트하우스는 많다.

Q 몇시쯤 자야 하나요?

A 여러 명이 함께 사용하는 방에 머물 경우엔 시간이 늦어지면 공용 공간에서 시간을 보내면 된다. 소등 시간이 정해져 있는 게스트하우스도 있고 24시간 활발한 곳도 있으니 미리 분위기를 파악하면 도움이 된다.

Q 음주가 가능한가요?

A 가능하다. 공용 공간 혹은 주방에서 어울리는 사람들이 많고 캔맥주를 파는 곳도 있다. 방 안으로 음식물 반입이 안되는 곳도 있으니 주의하자.

Q 공용 공간이 불편하지 않나요?

A 여러 사람들이 이용하는 곳이니 어느 정도의 불편함은 어쩔 수 없다. 사람들을 만나고 싶어서 공용 공간에서 많은 시간을 보내는 사람도 있고, 밥 먹는 시간에만 잠깐 나왔다 들어가는 사람이 있으니 각자의 성격과 취향에 따라 달라진다.

Q 꼭 게스트하우스여야 하나요?

A 잠깐이지만 집다운 편안함을 느낄 수 있고 조용히 휴식을 취할 수도 있다. 다양한 사람들을 만날 수 있는데 여행자들이 많아서인지 대부분 열린 마음으로 서로를 대한다. 숙박비도 호텔에 비해 저렴하니 이만하면 충분하지 않은가.

소풍 게스트하우스

소풍가듯 설레며 찾아가다

---

add _ 서울시 종로구 계동 2길 18
tel _ 010-8998-9159
price _ 본채 안방 130,000원, 건넌방 110,000원, 사랑방
100,000원. 1인 추가 및 주말엔 1만원 추가
독채 : 주중 280,000원, 주말 320,000원(6명 기준)
별채 : 주중 180,000원, 주말 220,000원(4인 기준)
조식 제공(독채 별채 제외), 간단 취사 가능, 짐 보관,
와이파이, 공용 컴퓨터, 커피와 차
in & out time _ 3PM, 11AM(시간 조정 가능)
web _ www.facebook.com/sopoong.guesthouse
subway _ 지하철 3호선 안국역 3번 출구

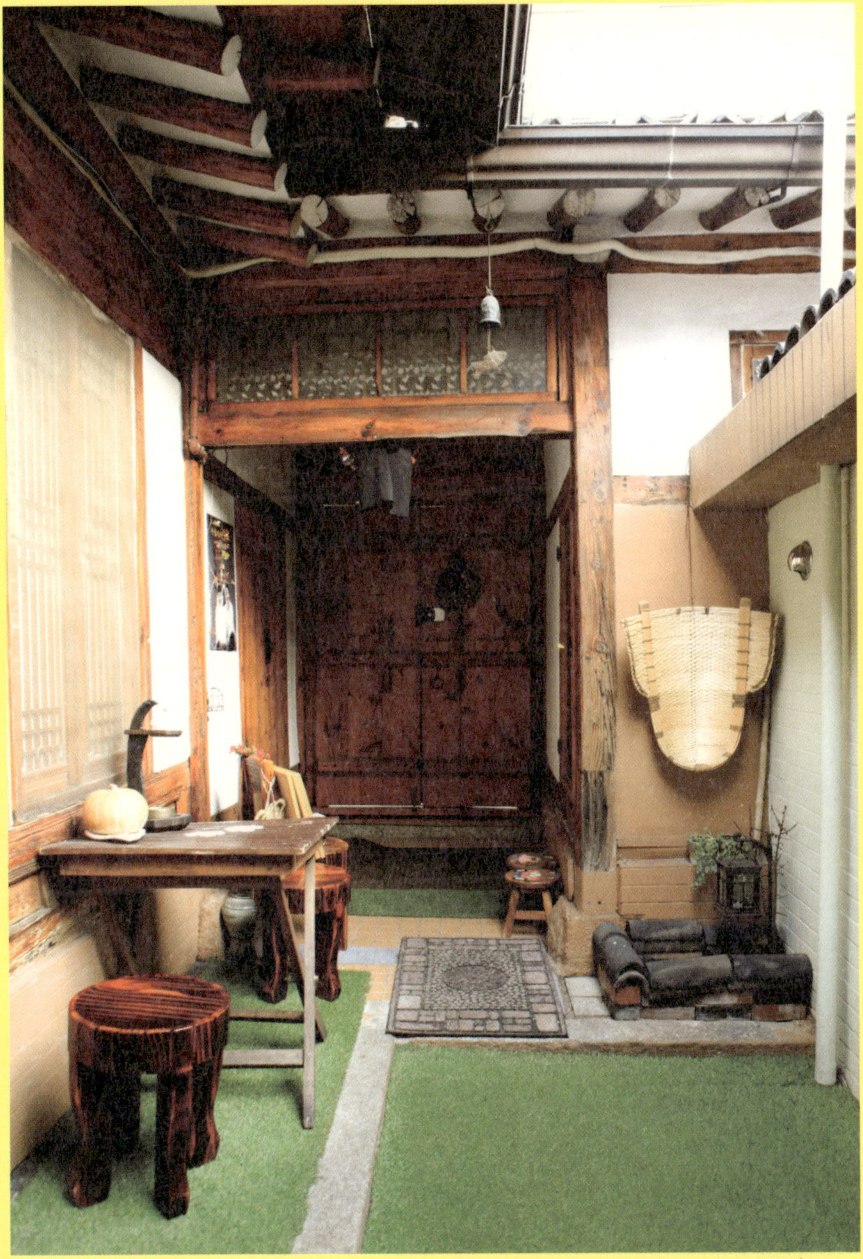

CHECK

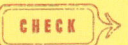

방명록을 쓰면 폴라로이드 사진을 찍어주고, 쓰기만 하면 어디로든 엽서도 발송해준다. 여름에는 손님이 외출할 때 차가운 물을, 겨울에는 따뜻한 핫팩을 챙겨준다. 소소하지만 감동을 주는 서비스가 많다.

웰컴 투 유

전 세계 여행자들이 가장 많이 찾는 숙박사이트 '트립어드바이저'에서 부동의 1위를 고수하는 곳. 그만큼 다녀온 사람들의 후기도 넘쳐난다. 솔직히 그 때문에 망설였다. 좋은 이야기들만 잔뜩 올라와 있어서. 하지만 입구에서부터 마음이 탁 하고 열렸다. '웰컴 투 권혜진'. 환영인사가 적힌 작은 칠판이 반겨주었던 것이다. 소풍이 왜 인기가 높은지 알 것 같았다. 따뜻한 인사 덕분인지 유쾌하고 정겨운 이야기가 수런거리는 공간으로 느껴졌다.

호스트 배국진 씨는 처음에 '소풍'이 버려진 집 같았다고 했다. 전기선이 들어오기 시작한 뒤로 한 번도 손댄 적이 없는 집이었다. 그래서 골조만 건드리지 않고 고칠 수 있는 건 다 고쳤다. 크지 않은 마당이 더 좁아지긴 했지만, 야외에

화장실 겸 샤워실을 두 개나 만들었다. 집 전체가 아담해 작은 마당이 더 어울리는 듯도 하다. 마당 여기저기에 소품들이 앙증맞게 놓여있다. 외할머니가 수십 년간 써온 밥상, 할아버지 집에서 잠자고 있던 서랍장, 지인에게 선물 받은 찻잔 등 모두 호스트가 아끼던 소장품이다. 대부분 자신보다 나이 많은 물건들인데, 오래된 물건을 좋아해서 지인들에게 선물도 많이 받는다고.

마당을 빙 둘러싼 담벼락을 따라 작은 나무가 몇 그루 자라고 있다. 대청마루 디딤돌 옆의 나무는 계절의 변화를 가장 먼저 말해준다. 방문을 열면 나무가 보여, 아, 이제 봄이야, 하고 말을 건넨다. 소풍의 분위기 메이커라고나 할까. 내부는 오래된 집이라 벽이 울퉁불퉁하고 주방으로 통하는 문도 작지만 그것 그대로의 느낌이 좋다. 여럿이 머물러도 좋을 큰 방은 안방격으로 창문을 열면 인

1 대문 옆 사랑방. 한두 명 머물기 적당한 크기로 아늑하고 조용하다.
2 맞춤 블라인드와 침구 세트가 정갈하다.
3 오붓하게 걸터앉아 도란도란 이야기 나누기 좋은 별채 마당.
4 별채는 거실을 사이에 두고 2개의 방이 양쪽으로 있다.

시골집이 연상되는 울퉁불퉁한 벽과 장식소품들이 예스럽다.

대문을 열자마자 반겨주는 환영 인사가 기분 좋다.

대부분 물려받은 소품들이다. 유리문 수납장은 수십년 전 것이어도 멋스럽기만 하다.

왕산이 보인다. 그림도 걸고 장구도 가져다놨는데 커다란 텔레비전이 분위기를 해치는 것 같아 없앨까 고민 중이라고 했다. 건넌방은 하얀 천에 무늬를 넣은 블라인드와 이불이 맞춤으로 들어가 있어 아늑한 분위기이다. 대문 바로 옆의 사랑방은 내가 머물렀던 작은 방으로 스티커를 붙여 꾸민 창문도 귀여웠다.

전체적으로 규모는 작아도 공간이 효율적이었다. 거실을 사이에 두고 안방과 건넌방이 있어 방문을 열면 공간이 하나로 연결돼 종종 행사를 하기 위해 찾기도 한단다. 무엇보다 나의 관심을 끈 방은 한옥에 한 개씩은 있는 비밀의 방처럼 숨은 다락방이다. 집의 규모에 비해 꽤 큼직한 다락방은 평소에 창고로, 가끔씩 아이들이 오면 개방한다고.

본채에서 대문을 열고 나가면 마주 보는 곳에 별채가 있다. 방 2개에 화장실 겸 샤워실이 있고 툇마루에 앉아 하늘 보고 있기 딱 좋다. 기와조각을 이용해 꾸

1 일주일에 두세 번 다도 클래스가 열린다. 무료로 다도 체험을 할 수 있다.
2 맛깔스럽게 차려진 아침식사.
3 현대식 주방에 전통 소품이 눈에 들어온다.

민 수도와 벽이 독특하다.

한옥마을을 찾는 사람들은 전통 공간을 체험해보고 싶어서 온다. 그래서 무료로 다도체험과 북촌투어를 기획했다. 마침 어머니의 친구가 물려준 좋은 다도판이 있었다. 고가인데다 구하기도 힘든 것이어서 상당히 아끼는 물건이라고. 이렇게 일주일에 두세 번은 다도체험을, 매주 토요일에는 북촌투어를 진행하고 있다. 호스트가 직접 손님들을 안내하며 사진도 찍어주고 설명도 하는 북촌투어는 소풍을 인기 숙소 베스트에 올리는 결정적 계기가 되었다. 아침이 되자 예쁜 밥상이 나왔다. 청계산 아래 텃밭에서 호스트의 어머니가 직접 키운 채소들로 반찬을 만든 밥상이다.

주변에 크고 유명한 한옥 게스트하우스가 여럿 있지만 그 사이에서 소풍이 당당히 자리잡은 이유가 있다. 집이 작아서 통째로 빌려서 독채로 쓸 수 있다는

1 재능 기부로 만든 엽서. 소풍에서 어디로든 보내준다.
2 보라색 고무신과 디딤돌이 잘 어울린다.
3 안방에서 바라본 거실과 건넌방. 문을 떼면 하나의 공간으로 연결된다.
4 칭찬이 가득한 방명록.

것. 집을 빌려 여자 친구에게 프러포즈를 하거나 세미나를 열기도 하고, 한 가족이 2주간 머물다가기도 했다. 혼자서 통째 빌려 호스트와 놀다 간 사람도 있었다고.

　호스트의 남다른 점도 한몫 했다. 게스트하우스 호스트라면 대부분 사람을 좋아하고 여행을 좋아하지만 배국진 씨는 좀 특별하다. 관심사가 다양해서 차 한 잔을 앞에 놓고 몇 시간을 이야기 나눌 수 있다. 상대의 눈높이에 맞춰 주는 솜씨가 섬세하고 뛰어나다. 일정을 취소하고 호스트와 어울리고 싶어 하는 손님들이 많은 이유다. 쇼핑을 가거나 맛집을 함께 다니는 것도 아이처럼 좋아한다. 쓰다 보니 계속 칭찬이다. 후기에 좋은 말만 남기는 다른 사람들이랑 다를 게 없다. 소풍가듯 설레며 들르게 되는 곳, 이름 한번 잘 지었다.

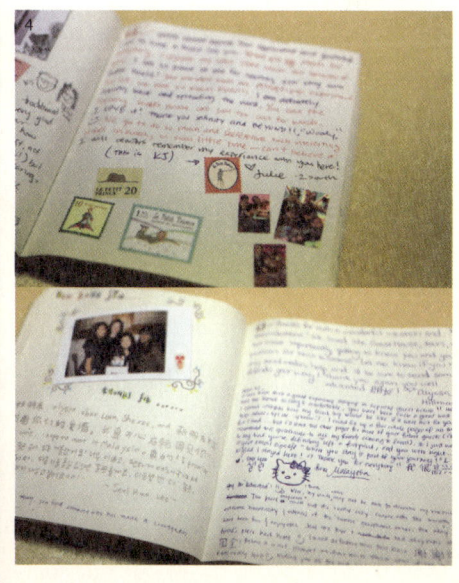

Host & Guest Interview

호스트 배국진
천 명의 친구가 생겼어요

어느 날 회사를 그만두었다. 유학과 창업의 갈림길에서 고민하다 이곳을 선택했다. 그리고 이제는 그의 삶 전부가 되었다. 처음엔 혼자 입술 부르터가며 했지만 지금은 스태프도 있다.
그는 내가 지금까지 만난 사람 중에 SNS 친구가 가장 많은 사람이다. 천명이 넘는 사람들에게 늘 연락이 온다고 한다. 기억력도 좋다. 관계를 유지하는 정도가 아니라 즐기고 있다. 원래 친구가 많지만 게스트하우스를 하면서 훨씬 많아졌다고. 낯가림 없이 남녀노소 누구와도 잘 어울리고, 손님들이 요청하면 함께 외출도 하고 게스트하우스 안에서도 같이 시간을 보낸다. '안하면 안했지 하면 잘해야 하는 스타일'이기에 머무는 사람들에게 다도를 가르쳐주거나 북촌 무료투어를 하는 등 정성을 쏟는다.

매니저 이정한
다양한 삶을 배우는 일터

"이곳에서 빨래, 청소, 설거지 등 평소엔 안하던 일을 하는 게 힘들기도 해요. 하지만 사람과 소통하는 게 즐거워요."
그는 다양한 사람들의 생각, 사는 모습을 보고 배울 수 있어 좋다고 했다. 눈 코 뜰 새 없이 바쁘지만 틈틈이 하늘도 보고, 나무도 지켜보며 고즈넉한 한옥의 풍경도 즐긴다. 어린 자녀를 동반하고 여행 오는 사람들이나 열정적으로 여행하는 어르신을 보면서 자극도 받는다고.
"소풍은 우리를 설레게 했던 특별한 날이잖아요. 이곳에 머물다가는 손님들은 하루하루가 소풍처럼 즐겁고 특별한 날이 되었으면 좋겠어요."

매니저 정유미
늘 새로운 만남이 있어요

"정말 놀라웠어요. 고층 건물이 즐비한 도심 속에 이렇게 한적한 한옥이 있다니." 그녀는 멋진 곳에서 일하는 것만으로도 즐겁다. 정리를 끝내고 손님을 기다릴 때면 어떤 사람을 만날지 궁금하고 설레기도 한다. 때로는 덩달아 여행을 떠나는 기분을 느낀다고. 자신의 집에 오라고 연락처를 주는 사람들이 있는데 말만으로도 참 고맙다. 하지만 짧게 만나 아쉬운 건 떠나는 손님이나 남아있는 매니저나 마찬가지. 늘 누군가와 만나고 헤어지는 것에 익숙해져야 한다. 그녀는 오늘도 열심히 차를 내리고 청소를 한다.

게스트 태머(터키)
서울은 모든 게 완벽해

"도착하는 날 문 앞에 우리 이름이 적혀있고 터키와 한국 국기가 같이 그려져 있는 걸 봤을 때 눈물이 날 뻔 했어."
소풍만의 환영인사는 모든 여행자를 감동시킨다. 한국을 좋아하는 여동생의 제안으로 오게 된 첫 서울 여행. 그는 소풍 게스트하우스의 첫 번째 터키 손님이었다. 태머가 며칠간 찍은 사진을 보니 서울의 관광지란 관광지는 다 다닌 듯 했다. 되도록이면 많은 곳을 다니고 싶어서 욕심을 부렸다. 하지만 호스트가 데리고 다니면서 하나하나 설명해 준 북촌이 제일 특별했다고.
"새로운 곳을 보고 새로운 사람을 만나 친구가 되고 새로운 문화를 배우는 거, 그게 바로 여행이고, 그게 곧 삶이야."
서울 여행은 모든 게 완벽했다고 엄지손가락을 치켜들었다.

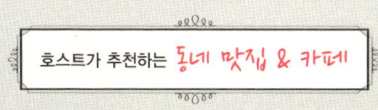

호스트가 추천하는 동네 맛집 & 카페

레미니스 케이크

이미 유명하다는데 나처럼 몰랐던 사람들을 위해! 가장 인기 많은 '감자케이크'를 먹는데 감자가 씹혔다(!) @.@ 입 안에서 시작된 낯선 행복이었다.
호불호가 갈린다고는 하지만 세계 여행을 다니면서 케이크 좀 먹어본 나도 손에 꼽을 수 있는 맛이었다. 특별한 날을 위한 케이크 주문도 가능하고, 베이킹 강좌도 있다.

price _ 음료 4~5천원, 조각케이크 4~7천원
add _ 서울시 종로구 계동길 60
web _ reminiscake.com
tel _ 02-3675-0406
open & close _ 일요일, 공휴일 휴무

[북촌 & 서촌]   [바인하우스 게스트하우스]   page 020

바인하우스 게스트하우스

정겨운 옛날 한옥 그대로

---

add _ 서울시 종로구 자하문로 68-3
tel _ 010-8870-5439
price _ 안방(4인) 15만원, 건넌방(2인) 8만원, 사랑방(2인) 8만원, 조식 제공, 세탁 무료, 짐 보관, 간단 취사 가능, 와이파이, 공용 컴퓨터, 한복 체험
in & out time _ 2PM, 11AM
web _ vineguesthouse.com
subway _ 지하철 3호선 경복궁역 3번 출구 도보 5분

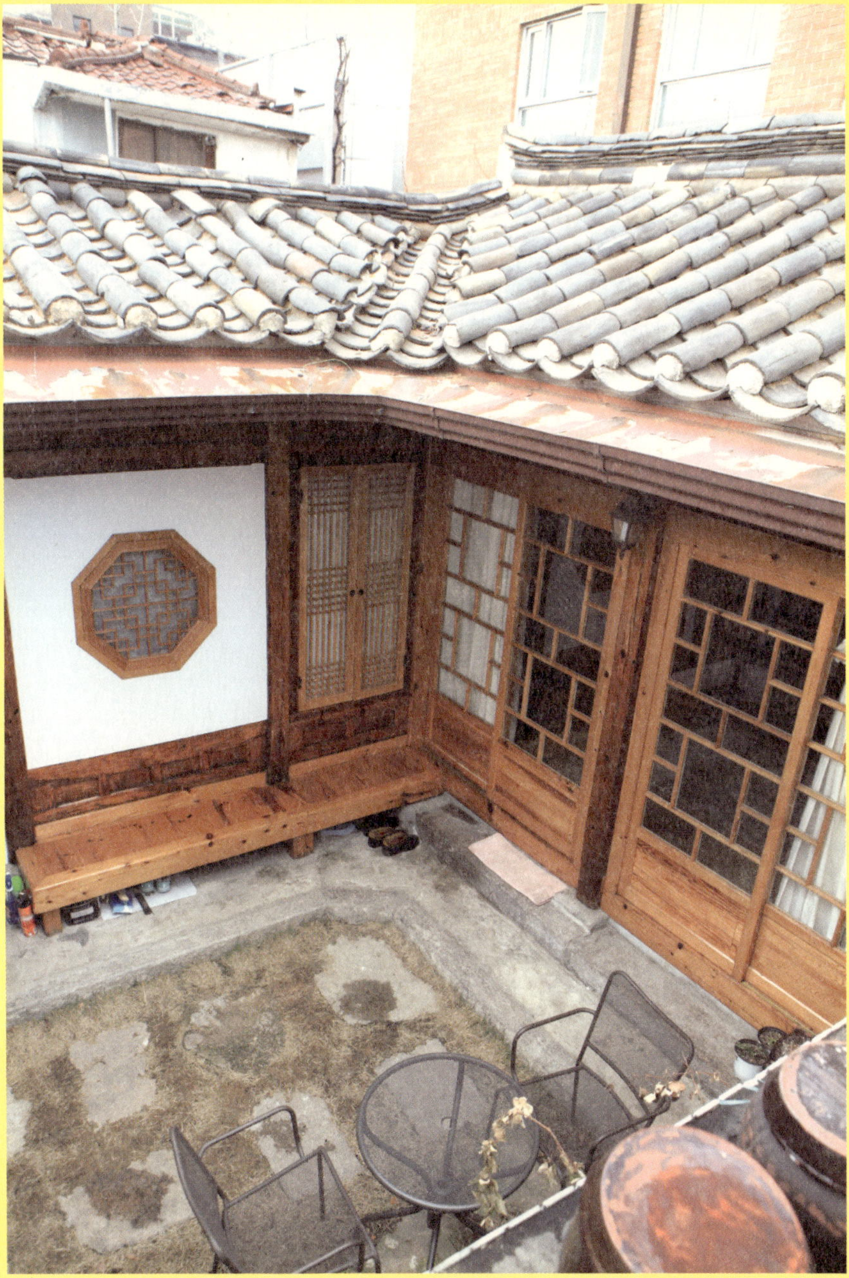

 바인하우스 근처에서 시간을 보내고 싶다면!
통인시장 도시락 카페에서 밥을 → 효자 베이커리에서 간식을 → 대림미술관에서 전시를 보자.
이 모든 곳은 바인 하우스에서 걸어서 10분 거리다.

라디오가 있는 대청마루

대청마루에 잔잔한 클래식 연주곡이 흘러나오고 있었다. 해가 가득 들어와 바닥에 깔아놓은 카펫이 따뜻했다. 갑작스런 볼일 때문에 호스트가 자리를 비워 홀로 몇 시간 동안 게스트하우스를 지켰다. 한옥에 혼자 있으라고 하면 무서워하는 사람이 많은데 괜찮겠느냐고, 호스트는 떠나기 전 몇 번이나 걱정스런 표정으로 되물었다. 하지만 나는 이런 시간이 반갑다.

이곳에는 내가 좋아하는 것들이 가득 있었다. 책장을 가득 채우고 있는 책들, 빈티지 라디오, 긴 통나무 테이블. 한쪽에는 커피와 차가 준비되어 있었고, 정겨운 난로도 놓여있다. 마당을 마주하고 책을 읽다가 마당 한번 보고, 책을 읽다가 하늘 한번 보고, 그렇게 편안하게 시간을 보냈다. 1930년대산 빈티지 라디오가 대청마루와 어울리는 따뜻한 소리를 내고 있었다. 이곳을 소개해준 지인은 생긴 지 얼마 안 돼서 사람들이 잘 모르는데 가보면 좋아할 거라고 말했다. 막상 와보니 그 말뜻을 알겠다.

바인하우스는 경복궁역에서 5분 거리인 통인시장 건너편 효자동 중국대사관 바로 옆 골목 초입에 자리하고 있다. 이 동네는 청와대가 가까워 24시간 내내 몇 걸음에 한 번씩 경찰을 만날 수 있는 곳이다. 문을 잠그지 않고 외출하는 사람이 있을 정도라고 한다. 바인하우스는 중문을 지나 마당을 가로질러야 본채로 들어갈 수 있다. 마당 한쪽에는 이사 때 선물 받은 포도나무가 있다. 때문에 게스트하우스 이름이 '바인하우스'. 여름철이 되면 제법 맛난 포도가 열린다고 한다.

이 집의 나이는 무려 80살. 오래된 문과 담장을 고치고 화장실을 더 만든 것 말고는 예전 그대로이다. 얼마 전에는 한옥상 심사를 위해 교수 몇 사람이 다녀갔다고 한다.

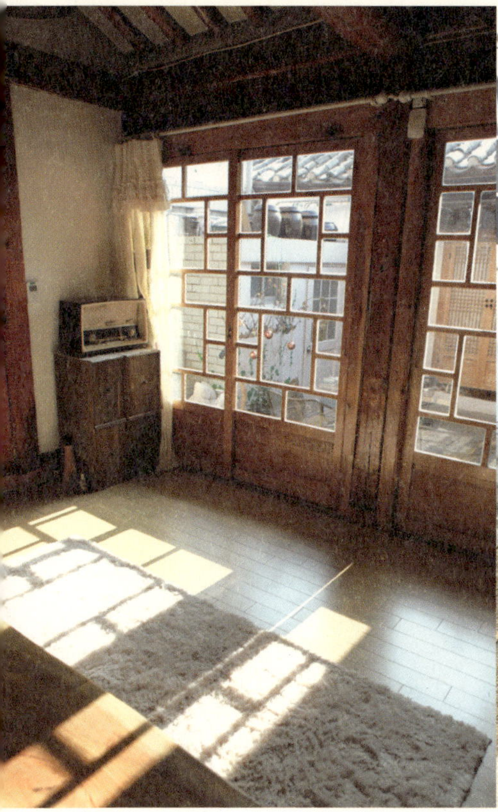

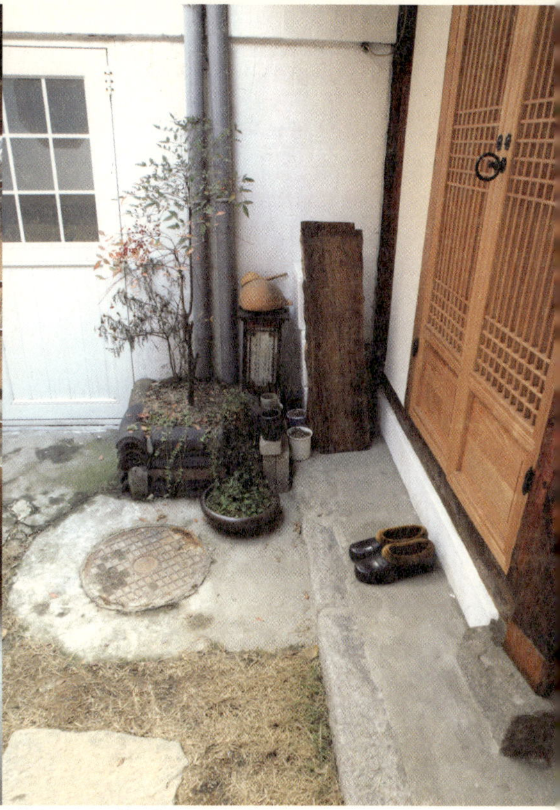

책을 읽어도, 낮잠을 자도, 가만히 앉아만 있어도 좋은 대청마루. 볕이 잘 들어 포근한 오후를 보낼 수 있다.

1

2

3

4

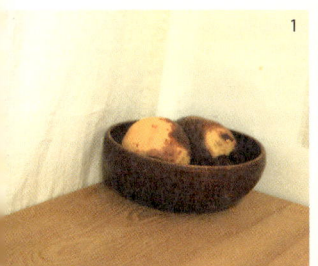

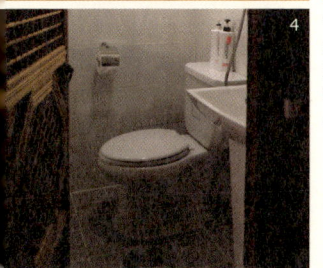

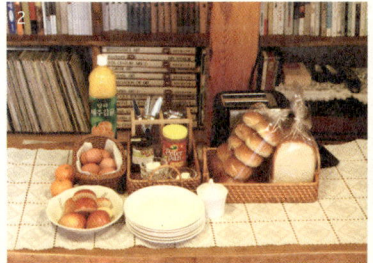

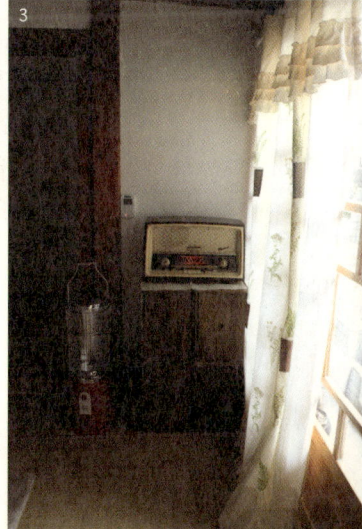

1 집안 구석구석 향긋한 모과향이 퍼진다.
2 간단 조식.
3 커튼과 빈티지 라디오, 나무 수납함 그리고 난로가 따뜻한 풍경을 만든다.
4 방문인 줄 알고 열었는데 화장실이었다.

1 긴 테이블과 책장은 바인하우스의 터줏대감이다.
2 햇살이 내리쬐는 이른 아침 환기 중인 사랑방.
3 사랑방에도 책이 한가득 있다.
4 모든 방에는 거울, 수건, 옷걸이 등이 준비되어 있다.
5 게스트가 남기고 간 방명록을 읽어보는 것도 재미있다.

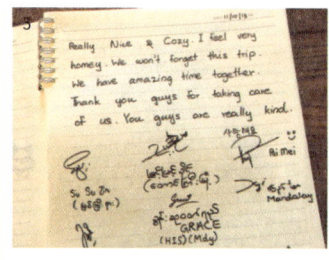

서울 시내 한옥 중에서 이렇게 예쁘게 관리된 집도 드물 것이다. 방이 세 개, 화장실 겸 샤워실이 세 개로 방마다 각각의 화장실이 있다. 실외 화장실도 보일러를 설치해서 겨울에도 춥지 않다. 방 안에는 비단으로 감싼 목화솜 침구가 있고, 모과가 놓여있어 향긋한 향이 방 안을 맴돈다.

거실에 텔레비전이 있지만 정작 보는 사람은 별로 없다. 화장실이 실내에 붙어있는 안방은 여러 명이 쓸 수 있을 만큼 크다. 건넌방은 2인실로 길고 멋스러운 액자가 방 한쪽에 걸려 있고 마당 건너 사랑방은 친구와 밤새도록 수다 떨고 싶은 사람들이 머물면 좋을 듯하다.

10년 된 느티나무 테이블

거실의 멋스런 책장은 호스트 김경화 씨와 그녀의 딸이 반반씩 사용 중이었다. 예술관련 서적은 전공자 딸의 것이고, 소설 및 여행 서적은 김 씨의 것이었다. 그녀는 한옥에서 20년을 살아 익숙하지만 식구들만 살던 집과 손님들이 오는 집은 또 다르다며 청소부터 집 꾸미는 것까지 신경 쓸 일이 많다고 했다. 눈에 띄는 거실의 긴 통나무 테이블은 느티나무로 만든 것. 나무가 너무 좋아서 자르지 않고 크기 그대로 만드느라 제작과정이 꽤 오래 걸렸다고 한다.

책장과 테이블 모두 소목장 김상림 씨의 작품으로 벌써 10년이 흘렀다. 마당의 실외 화장실 위는 장독대가 있는데, 그 위에 올라가면 기와를 가까이서 볼 수 있고 마당을 내려다 볼 수도 있다. 마당에서 올려다보는 것과는 또 다른 느낌이었다.

마당에서는 작은 문화행사도 열린다. 얼마 전에는 인디밴드와 무용가의 'Nomadic Drift' 공연도 했다. 김 씨는 조만간 마당에서 영화를 볼 수 있는 장비들을 들일 생각이라며, 운치 있는 야외 영화관을 기대하라고 했다.

그녀는 집안에 앉아서 전국 각지, 세계 각국에서 오는 사람들을 맞고 다양한 이야기를 들으니 하루하루가 새롭다고 한다. 각지에 흩어져 사는 친척들이 서울에서 모이려고 예약하기도 했고, 어떤 부부는 지방에서 정기적으로 공연을 보러 올 때면 꼭 여기서 머문다. 근처에 국가고시를 보러 오는 사람들도 꽤 된다. 여자친구와 결혼 허락을 받으러 온 외국인도 며칠씩 지내다 갔고, 입양되어 다른 나라에서 자란 사람이 한국이 궁금해서 왔다가기도 했다. 외국인 손님과의 소통은 영어를 잘 하는 딸의 도움을 받는다고.

편리함을 쫓는 시대이다 보니 가끔 편의시설을 기대하고 오는 손님들도 있다. 그러나 팔십 년이나 묵은 집이다 보니 불편한 점이 있을 수 있을 터. 그런 부

분을 감안하고 오면 좋겠다는 당부를 한다.

"집도 인연이 있나 봐요. 이 집은 그냥 마음에 들어서 제대로 보지도 않고 샀거든요. 그런데 손님들까지 맞이하며 살게 되었네요. 이 집과 좋은 인연을 맺은 것처럼 사람들과도 좋은 인연 많이 만들며 살고 싶어요."

통인시장

도시락 카페 : 시장 입구에서 엽전(5,000원 10개)을 구입한 후 가게에서 먹고 싶은 음식을 엽전과 교환해 도시락에 담아오면 시장 내 '도시락카페'에서 먹을 수 있다. 밥과 국은 카페에서 각각 1,000원에 판매한다. 반찬가게(8곳), 분식집(6곳), 떡집(2곳) 등 이용 가능.
open & close _ 화~일요일 오전 11시~오후 5시까지(엽전은 오후 4시까지 판매),
　　　　　　　 매주 월요일, 셋째주 일요일 휴무.
location _ 통인시장 내 고객만족센터 2층.
tel _ 02-722-0936

대림미술관

늘 만족스러운 전시와 다양한 세미나 혹은 교육 프로그램이 열린다. 프랑스 건축가 뱅상 코르뉴가 개조한 건물 안을 천천히 돌아보자.
web _ www.daelimmuseum.org
open & close _ 화~일요일 오전 10시~오후 6시(월요일 휴관)
price _ 성인 5,000원, 학생 3,000원

+
Host & Guest Interview

호스트 김경화
사람들과 함께 나이 들며 살고 싶어요

"그냥 이 주변이 좋았어요. 딸이 커서 이 동네에서 데이트하면 좋겠다 싶더라고요."
지난 20년 동안 계동, 가회동을 거쳐 효자동까지 한옥만을 고집하며 살아온 그녀는 낡은 한옥을 고쳐 살았던 것만 벌써 세 채. 목수와 함께 나무를 고르고 자재를 사러 다니는 시간들이 즐거웠다는 한옥 예찬론자.
"집이 살아 숨 쉬는 것 같아요. 사람보다 오래 살잖아요. 모든 걸 다 알면서 묵묵히 품어주는 거죠." 대학 졸업을 앞둔 딸과 함께 다녀온 유럽 여행에서 호스텔과 한인민박에 묵으면서 게스트하우스를 해도 재밌겠다는 생각이 들었다. 오랫동안 찾고 싶은 집을 만들고 싶다는 그녀.
"오시는 분들과 추억도 쌓이고 세월도 쌓이 같이 나이 들어갔으면 좋겠어요."라며 수줍게 웃었다.

게스트 람과 타오(베트남)
영화에서 보던 한국에 왔어요

"이렇게 추울지 몰랐어. 베트남에서 캄보디아 들러 부산갔다가 서울로 왔거든."
미국 샌프란시스코에 사는 그들은 가끔 친척들을 방문하러 베트남에 간다고. 비행기 값을 아끼려고 일부러 아시아 주변 국가들을 들러 미국으로 돌아간다고 했다. 타오는 은행원. 여행을 좋아하지 않지만 여자 친구를 따라 온 람은 온라인 게임 속 캐릭터를 그리는 아티스트.
서울의 전통한옥에서 꼭 머물러보고 싶어 왔다고 한다. 덕분에 생각지 못하게 여러 사람과 함께 지내보니 더 편하고 친근한 것 같다며 "이 집 너무 따뜻해."하고 말했다. 들어올 때는 춥다고 난리더니 벌써 반팔 차림이었다.
타오는 "서울은 한국영화에서 본거랑 비슷해서 좋아! 한국에 와서 한국 사람들이랑 이야기까지 하게 될 줄 몰랐어. 그냥 다 좋아."하고 웃는다.
생면부지인 나와 타오, 람은 거실의 긴 나무 테이블에 마주앉아 곶감과 귤을 먹으며 마치 오래 알았던 사이처럼 시간을 보냈다. 밤낮으로 같이 웃고 떠들다보니 정이 들었는지 헤어질 땐 많이 아쉬웠다. 따듯하게 이별의 포옹을 해준 두 사람은 헤어진 지 24시간도 안 되어 이메일을 보내왔다. 만나서 정말 좋았다는 내용이었다. 정이라는 건 한국인에게만 있는 건 아닌가보다.

호스트가 추천하는 **동네 맛집 & 카페**

효자 베이커리

price _ 콘 브래드 5,000원, 각종 쿠키 4,000원
add _ 서울시 종로구 통인동 43-1번지
tel _ 02-736-7629
open & close _ 07:40~24:00

같은 자리에서 26년이나 자리를 지키며 빵을 만들어 파는 집. 역시 뭐가 달라도 달랐다. 투박해보이는 빵이지만 일단 한입 먹으면 왜 근처에 대형 빵집들이 들어왔다가 자릴 잡지 못하고 사라지는지 알게 된다. 그리 비싸지 않은 가격 또한 고마울 정도. 가장 인기 있는 빵은 콘 브래드이고 쿠키도 많은 사랑을 받고 있다. '오븐에 구운 고로케'와 '버터링 쿠키'가 맛있다.

가진화랑 레스토랑

price _ 스파이시 치킨 25,000원, 비빔밥 15,000(점심) 17,000원(저녁), 전 15,000원
add _ 서울시 종로구 효자동 58번지
tel _ 02-738-3581

이전해서 새롭게 오픈했다. 워낙에 인기 많은 곳이라 유명인사들도 찾아온다.
깔끔한 식당에 못지않게 깔끔한 음식들이 입맛을 사로잡는 곳. 금방 튀겨내는 스파이시 치킨, 신선한 재료들로 만드는 비빔밥이 훌륭하다.

| 북촌 & 서촌 | | 북촌마루 게스트하우스 | page 030

북촌마루 게스트하우스

한옥의 멋을 고스란히 담다

---

add _ 서울시 종로구 창덕궁길 152
tel _ 02-744-8751, 010-7424-8751
price _ 패밀리룸 146,000〜193,000원(3인 기준), 더블룸 88,000〜120,000원(2인 기준), 조식제공, 와이파이, 세탁 5,000원, 한복체험(예약)
in & out time _ 2PM, 11AM
web _ www.bukchonmaru.com
subway _ 지하철 3호선 안국역 2번 출구 → 마을버스 1번 원서고개 하차

CHECK 북촌에서도 가장 높은 언덕의 2층 한옥이라 전망이 끝내준다. 낮에는 저 멀리 한국 근대사의 산 증인이 된 오래된 건축물들을 보며 설명을 들을 수 있고, 해질녘에는 인왕산에 걸쳐지는 노을이 일품이다. 밤에는 종로 빌딩숲과 북촌 일대의 멋진 야경을 볼 수 있다.
이집의 큰 자랑은 뭐니뭐니해도 맛있는 아침식사. 놓치지 말고 챙겨 먹자!

전망 좋은 집, 언덕 위의 2층 한옥

안국역 3번 출구로 나오면 시작되는 계동길. 그 길을 따라 끝까지 가면 중앙고등학교가 보이고 학교 오른쪽으로 고개를 돌리면 언덕 위에 풍채 좋은 한옥집이 보인다. 호박넝쿨이 벽을 타고 올라가 2층 난간까지 완전히 휘감고 있는 모양이 멋스럽다. 바람에 나부끼는 호박잎들 사이로 손글씨가 예쁘게 새겨진 '북촌마루.' 이름도 집만큼이나 멋스럽다.

지하철역에서 마을버스 1번을 타면 5분 거리이지만 계동길을 따라 걷는 것을 추천한다. 동네의 담백한 매력에 빠질 수 있기 때문이다. 주인 부부가 오랫동안 살던 집을 게스트하우스로 변신시킨 건 아들 김시영 씨의 아이디어. 4년 전 세미나 때문에 6~7개국에서 스무 명의 외국인 친구들이 와서 집에 머물다 갔는

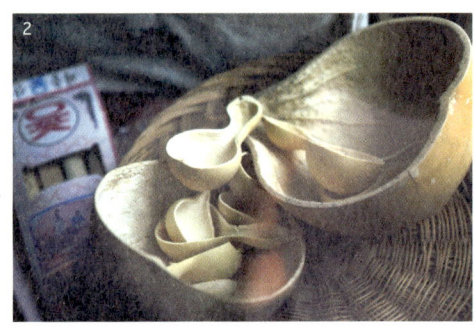

1 장독대 위의 호박이 정겹다.
2 조롱박. 처음 보는 아이들은 신기해 한다고.
3 안방의 자개장은 모두가 좋아하는 인기 아이템이다.

데 한옥을 신기해하면서 좋아하는 것을 보고 한옥 게스트하우스를 생각하게 되었다. 그 뒤 부모님이 퇴직하면서 본격적으로 게스트하우스로 꾸미고, 북촌마을 한옥 게스트하우스 초창기 멤버가 되었다. 1층은 거주 공간과 사무실, 2층을 게스트하우스로 쓰고 있다.

연세 지긋한 부부는 대문까지 나와 반겨주었다. 말이 통하지 않는 외국인들도 어려워하지 않고 상대할 수 있는 힘은 바로 훈훈한 정인 듯하다. "게스트하우스를 하면서 언어의 중요성을 다시 한 번 느꼈어요. 말이 잘 통하면 이것저것 더 많이 알려줄 수 있으니까." 하고 말하는 노부부는 요즘 중국어를 배우고 어학연수도 준비 중이다.

내가 머문 패밀리룸은 큰 방으로, 외국인들이 특히 좋아하는 자개장이 화장

대와 세트로 놓여 있다. 여기는 북촌에서도 제일 높은 언덕이라 전망이 좋다. 창문을 열면 이 집의 작은 텃밭과 북촌의 한옥들, 종로의 빌딩들까지 한눈에 들어온다. 과거와 현재가 자연스럽게 공존하고 있는 묘한 풍경이다.

못 하나 쓰지 않고 만든 나무 마루를 중심으로 패밀리룸, 식당 겸용 응접실, 2개의 더블룸과 2개의 샤워실 겸 화장실이 연결되어 있다. 더블룸에 긴 나무 두 개가 벽면에 고정되어 있는데 '시렁'이라고 한다. 선반처럼 만들어 이불을 올리기도 하고 옷걸이나 빨래를 말리는 건조대가 되기도 하는 다용도 선반이라고나 할까.

식당에는 커다란 항아리를 이용해 직접 만든 식탁이 있다. 항아리 위에 나무판을 올려 식탁을 만들었는데 나무판을 치우면 저장 공간이 '짜잔-'하고 나타난다. 멋진 식탁의자는 이백년 된 향나무로 만든 것이다. 거실에는 그동안 게스트하우스 운영에 관련해 교육을 받은 수료증이 여러 장 걸려 있다. 제대로 해보고 싶었던 이집 가족의 성실함이 느껴졌다. 그 앞에는 숙박객들이 주고 간 작은 선물들이 놓여져 있었다.

전통 한식으로 아침을 먹고 한옥을 체험하다

북촌마루의 가장 큰 매력은 바로 아침 식사. 안주인은 전통 한식 밥상을 차려낸다. 싱가폴인 여행자는 여기서 아침을 먹고 밖에 나갔는데 맛있는 게 하나도 없더라면서, 여행 내내 여기서만 밥을 먹었다고 한다. 종종 맛있는 아침 식사를 감사해하며 설거지를 자처하는 여행객도 있다. 아침마다 직접 상을 차려내기 때문에 부엌은 안주인 전용이다. 물론 손님들과 식혜나 김치도 담그고, 한식 상차림을 경험할 수 있는 기회도 가진다. 손님들에게 이메일로 레시피를 보내준 적도 있고, 전이나 간식거리를 싸서 보내기도 한다.

1 매일 아침 기대 이상의 만족스러운 식사를 할 수 있다.
2 물건을 얹어 두는 시렁. 여러 모로 쓸모 있다.
3 오래된 나무는 별다른 장식이 없어도 그 자체로 좋은 의자가 된다.
4 넓지 않아도 제 기능을 다하는 화장실 겸 샤워실.
5 2명이 사용하는 더블룸. 이불세트와 액자가 예스럽다.
6 외국인에게 특히 인기있는 자개 화장대.

안방 창문을 열면 텃밭이 보이고 그 뒤로 탁 트인 전망이 펼쳐진다.

손님들과 함께 만들었다며 안주인이 내온 시원한 식혜 한 그릇을 단숨에 비우고 정원 구경에 나섰다. 2층 계단 옆의 항아리에는 직접 담은 된장, 고추장, 새우젓이 담겨있다. 소문난 음식 맛의 비결이 여기에 있는 게 틀림없다. 정원에는 벼를 화분처럼 꽂아두기도 하고, 낮게 담을 만들어 기왓장 사이에 작은 식물들과 들꽃을 가꾸고 있다. 맷돌과 절구도 직접 만져보고 체험해 볼 수 있게 한다고 했다. 노부부가 나를 부르더니 북촌마루의 공식 사진 촬영 장소라며 담벼락 한쪽에서 사진을 찍어주었다. 기와지붕과 호박넝쿨 배경이 멋진 사진이었다.

북촌마루 블로그에는 후기 정리가 잘 되어 있었는데, 매니저가 늘 카메라를 가까이 두고 사진을 찍을 수 있게 준비하고 있었다. 한복을 입고 집을 배경으로 사진도 찍을 수 있다. 집 안에는 한복을 입은 외국인들의 사진이 전시되어 있었다. 한복 기증도 받는다. 한복이 다양하게 구비될수록 더 많은 사람들이 체험해 볼 수 있을 테니까.

Host & Guest Interview

호스트 김시영
계동에서 나고 자랐어요

북촌마루는 김시영 씨(34세)가 나고 자란 집이다. 어릴 때 한옥이 불편하고 싫었지만 크면서 매력을 알게 되고 애정이 생겼다. 북경에서 5년간 공부를 하고 돌아와 중국어 동시통역과 번역 일을 하다가 퇴직하신 부모님을 설득해 게스트하우스를 오픈했다. 부모님이 새로운 사람을 만나는 것도 좋아하고 외국인들과의 생활도 즐거워해 여러 모로 잘 되었다고.
북촌의 골목골목이 다 어릴 적 놀이터였던 그는 투숙객들에게 동네를 설명해주는 것을 좋아한다. 유년시절의 사건들을 이야기하면 더 재미있어한다고. 한편으로 북촌 토박이들이 하나둘 동네를 떠나는 것이 몹시 안타깝다. 북촌이 유명해지면서 비싸졌기 때문이라고.
부모님과 일을 한다는 게 생각보다 쉽지 않을 것 같다는 물음에 "항상 붙어있는 건 좀 힘들죠. 하지만 많은 사람들과 친구가 되는 것이 정말 좋아요. 제가 언제 세계보건기구 여성 위원장님 같은 분을 집에서 만날 수 있겠어요."하고 소년처럼 웃는다.

게스트 타쿠네(일본)
한국 음식을 참 좋아해요

아침식사 시간에 만난 일본에서 온 가족. 남편은 몇 년 전에 서울에 와본 적이 있고, 아내는 이번이 처음이다. 아들 타쿠는 밝게 웃는 얼굴이 예뻤다. 한국어를 조금 할 줄 알기에 물어보니 여행 오기 전에 이틀 동안 '신오쿠보(도쿄에서 한국 사람들이 많이 사는 곳)에 가서 한국어를 배웠다. 3박 4일의 서울 여행을 위해 그런 정성을 들이다니 대단하다.
그들은 아침밥상에서 "오이시(맛있다)!"를 연발했다. 이곳을 선택한 이유 중 하나도 아침식사 때문이라며 안주인에게 레시피도 꼼꼼하게 물어본다. 이번 여행의 목적은 맛있는 한국 음식을 잔뜩 먹고 가는 것. 노량진 수산시장에서 맛있는 것을 먹고 청계천에 갈 예정이라고 했다. 부부는 건설 관련 일을 하는데, 청계천을 직접 보고 싶다고. "도쿄에서도 그런 일을 추진하려고 했었는데 무산되었거든. 걸어 다니며 상상이라도 해보고 싶어."라며 웃는다.
호텔의 큰 욕조를 좋아하는 사람이 아니라면 모두들 이곳을 좋아할 게 분명하다고 덧붙인다.

호스트가 추천하는 *동네 맛집 & 카페*

북촌떡볶이

날씨가 선선해지면 더 인기가 많아지는 집. 다양한 떡볶이 메뉴와 더 다양한 튀김의 환상적인 궁합. 일반 분식집에는 없는 스페셜 메뉴들을 먹어보자. 떡볶이와 튀김으로 배가 불러서 먹어보지 못한 순대가 눈에 아른거린다.

price _ 북촌 떡볶이 2,500원
　　　　튀김 5종 세트 3,700원
　　　　순대 3,000원
add _ 서울시 종로구 계동 76번지
tel _ 02-3674-7676
open & close _ 11:00~21:00

[북촌 & 서촌]   [서울 스토리 하우스]   [page 040]

서울 스토리 하우스

삼청동의 전망 좋은 집

add _ 서울시 종로구 삼청로 5길 30-1(팔판동 115-15)
tel _ 010-6308-6260
price _ 여성 도미토리 25,000원, 싱글룸 40,000~60,000원, 트리플룸 80,000~100,000원, 패밀리룸 100,000~120,000원, 조식 제공, 취사 안됨, 와이파이, 공용 컴퓨터, 주차 3대, 짐 보관, 세탁 건조 무료
in & out time _ 3PM, 11AM
web _ www.seoulstoryhouse.com
subway _ 지하철 3호선 안국역 1번 출구

● Writer's Comments

2층 테라스에서 다양한 아름다움을 뽐내는 삼청동 일대를 평온하게 바라볼 수 있다. 비가 와도 지붕이 있으니 괜찮다. 서울 스토리 하우스에 머문다면 아침에 커피 한잔을 들고 2층 테라스에 나가보자. 시간이 잠시 멈춘 듯, 복잡한 건 아무것도 생각나지 않는 시간을 보낼 수 있다.
아이들을 동반하였다면 서울 스토리 하우스를 추천하고 싶다. 마당에서 자전거를 타고 놀 수 있는 꼬마 친구도 있고 엄마 마음으로 예뻐해 줄 호스트도 있다.

아침마다 토스트나 팬케이크, 김치볶음밥 등 다양한 메뉴를 정성들여 차려주는데 먹는 사람마다 '대접받는 기분'이 든다고 할 정도이다. 사진으로 남기는 사람도 많다.

1 곳곳에 아이들의 흔적이 보인다.
2 넓은 거실에 공용 컴퓨터 2대가 있어 자유롭게 사용할 수 있다.
3 모든 방에 화장대와 옷걸이가 있다.
4 날씨에 상관없이 테라스를 이용할 수 있다. 시선이 닿는 곳은 온통 평화로웠다.
5 싱글룸의 포근한 침대.

나무와 아이가 함께 자라는 게스트하우스

    삼청교회를 지나 오밀조밀 낮은 집들이 모여 있는 골목길로 접어들면 구불구불 휘어진 좁은 길이 마치 영화 세트장을 걷는 듯한 기분이 들게 한다. 그 길 끝에 서울 스토리 하우스가 있다.

    자동차 석 대는 거뜬히 주차할 수 있는 넓은 마당을 지나니 아담한 정원이 또 나타난다. 향나무, 벚나무, 은행나무 등이 운치 있게 가지를 뻗고 있다. 옆집들도 잘 꾸며진 정원과 나무가 있는, 그야말로 안구정화. 공기부터가 다른 동네이다.

    현관에서 여자 아이 한 명이 달려 나와 나를 맞았다. 이집의 큰딸 보영이다. 호스트 강신영 씨는 "아이들은 손님들이 오시면 먼저 나가서 인사하고 아침식사 시간에는 모시러 올라가기도 해요."하고 웃으며 말했다. 낯가리지 않고 생글생글 웃는 얼굴이 참 예쁘다. 집안 곳곳에는 아이들의 사진이 걸려있다.

    매일 새로운 손님과 만나는 아이들은 어떤 느낌일까? "처음에는 외국인을 볼 때마다 제 뒤로 숨더니 이젠 하이! 하고 먼저 인사하고 가서 그냥 안겨요."하고 그녀가 말했다. 아이들도 변했지만 그녀도 많이 변했다고. 조용하던 성격이 놀랄 만큼 활발해졌다.

깨끗하고 쾌적한 집

    1층은 보영이네 가족의 주거공간이다. 푹신한 소파가 있는 거실과 제법 널찍한 다이닝룸을 손님들과 공유한다. 거실에 짜 넣은 테이블과 책장이 멋스럽고 쓸모 있어 보였다. 프로젝트 빔을 설치해 밤에 손님들이랑 맥주 한 잔 하면서 영화 보면 분위기가 꽤 괜찮다고 이야기한다.

    4인 여성 도미토리룸에는 수납 공간도 넉넉하고 자물쇠로 잠글 수도 있는 개인 캐비닛이 있다. 두 개의 이층 철제 침대 사이에 적당한 높이의 창문이 있어서 환기하기도 좋고, 개인등과 시계 옆에 작은 선반이 있어 편리했다. 도미토리를 제외한 나머지 방은 깔끔한 원목침대와 화장대, 옷걸이 등이 한 세트로 들어가 있었다. 2층의 네 개 방은 거실과 연결되는데, 여기에도 소파와 TV가 있다. 화장실 겸 샤워실은 두 개가 있는데, 부족할 경우 1층의 화장실을 사용한다고.

    서울 스토리 하우스는 몇 달 동안 예약이 마감될 정도로 인기가 많다. 계절별로 찾아오는 단골커플도 있고, 한국 가정집에서 지내는 느낌이 좋아 한 달씩 머무른 독일인 가족도 있었다고. 인기의 비결은 아침에 새소리를 듣고 눈을 뜰 수 있는 쾌적한 환경과 먼지 하나 없이 깨끗한 청소 상태인 듯했다.

    서울 여러 곳의 게스트하우스를 다니며 알게 된 사실 중 하나가 바로 깨끗한 곳에 일본 손님들이 많다는 것. 이곳 손님의 70퍼센트가 일본 손님이란다. 내가 콕 집어 말하니 호스트가 기분 좋게 웃었다. "아이들과 함께 있다 보니 청결에 더 신경 써요. 오는 사람마다 사진처럼 깨끗하다고 말해주니 더 열심히 청소하게도 되고요." 그녀 뒤로 세탁해서 널어둔 하얀 침구가 바람에 나부꼈다.

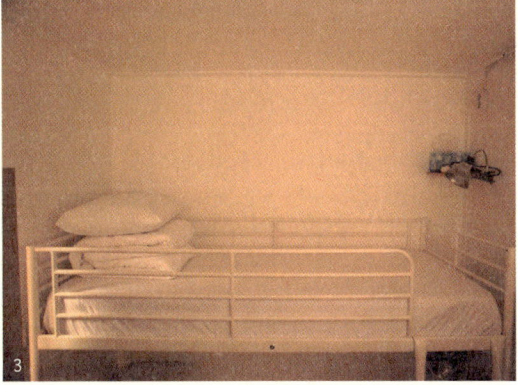

1

2 3

1 널찍한 다이닝룸. 맥주 한 잔 곁들이며 프로젝트 빔으로 영화를 보기도 한다.
2 샤워실 겸 화장실.
3 4인실 도미토리룸. 개인등, 휴지, 시계 등이 놓인 선반이 있어 편리하다.

+
Host & Guest Interview

호스트 강신영
아이들과 보내는 시간이 많아졌어요

여행을 좋아하는 남자와 결혼해서 게스트하우스를 운영하게 되었다는 신영 씨(33세). 두 아이의 엄마가 되면서 회사를 그만두고 게스트하우스에 집중하고 있다. "남편은 출근하고 스태프도 없어 맘대로 아플 시간도 없어요."라는 그녀는 아이 둘이 어린이집을 가는 오전에는 청소와 빨래를 하고 오후에는 두 아이와 손님들을 챙겨야 한다. 평소에도 외출이 쉽지 않지만 명절에도 멀리 가는 건 꿈도 못 꾸는 생활. "회사 다닐 때보다 아이들이랑 함께 있는 시간이 많아 그걸로 만족해요." 하고 그녀는 밝게 웃었다.
일본어를 잘 하냐고 물었더니 한국어 할 줄 아는 일본인이 제법 많단다. 처음에는 영어도 부담스러웠지만 하다 보니 많이 늘었다. 영어 외에 다른 언어는 보디랭귀지로 해결한다.

게스트 쇼오코(일본)
한국어도 공부하고, 일도 하고 싶어요

도쿄의 국립대학에서 한국어를 전공한 쇼오코. 벌써 여섯 번째 서울 방문인데, 이번엔 2년 정도 살면서 어학원에서 한국어 공부도 하고 일도 해볼 계획이다. 대학 졸업 뒤 회사를 다니다가 다시 한국어 공부를 하고 싶어서 아예 유학을 온 것.
"한국어에 대한 욕심도 있지만 그냥 한국이라는 나라가 좋고, 한국 사람들이 좋아요. 여기서 지내면서 '정'이란 게 뭔지 조금 알게 되었어요." 하고 차분하게 자신의 생각을 설명했다. 한국 사람들과 같이 살고 싶어서 대학 근처 하숙집을 알아보는 중이란다.
일본 내 한국 여행에 관련해 유명한 웹사이트 두 곳이 있는데 서울 스토리 하우스는 거기서 알게 된 곳이다. 가족적인 분위기가 너무 좋다는 그녀는 꼬마랑 같이 놀면서 한국말 연습도 하고, 스태프를 자청해서 일을 돕기도 한다.
한국에 친구가 별로 없다기에 슬쩍 건네준 내 연락처를 진심으로 고마워했다.

호스트가 추천하는 **동네 맛집 & 카페**

한가람

외식할 때 꼭 가는 식당이라며 호스트 선영 씨가 추천해 준 한식당. 조금 이른 저녁 시간이지만 벌써 자리가 꽉 차 있었다. 메뉴가 많아 뭘 먹어야 하나 고민하다가 가장 많이 먹는다는 연잎밥과 김치전병을 먹었다.
매일 달라진다는 반찬이 여섯 가지나 나오는데 두어 번 더 청해서 먹을 만큼 맛있었다. 후식으로 나온 호박식혜도 별미!
비싸기만 하고 맛없는 한식당이 많은데 한가람은 가격도 적절하고 부담 없이 단품 메뉴를 먹을 수 있어서 굿! 반찬을 사가려는 사람들이 많아서 따로 판매도 한다.

price _ 6,000~30,000원
add _ 서울시 종로구 삼청로 109-1
tel _ 02-722-5511
open & close _ 11:30~22:00

소리울 게스트하우스

소리가 울리는 예술가들의 집

add _ 서울시 종로구 율곡로 1길 46
tel _ 02-576-5556, 010-5211-5559
price _ 거문고방 120,000원(3인), 가야금방 110,000원(3인),
해금방 100,000원(2인), 대금방 100,000원(2인), 피리방
50,000원(1인), 1인 추가시 20,000원, 독채 700,000원
조식 제공, 취사 불가, 와이파이, 공용 컴퓨터, 짐 보관
in & out time _ 3PM, 11AM
web _ www.soriwool.com
subway _ 3호선 안국역 1번 출구, 경복궁역 5번 출구

● Writer's Comments

손님이 오면 차와 한과를 내는 것으로 인사를 나누고, 식사 시간엔 산조나 판소리 등을 선별해서 들려준다. 공방에서 악기 체험도 할 수 있고, 시간이 맞으면 국악 이야기부터 음식 이야기까지 나눌 수 있다. 게스트 하우스에 머무는 동안 우리 전통 문화와 자연스럽게 만나게 된다.

 국악사랑 체험 공방을 통해 멀게만 느껴졌던 국악을 배우고 국악기를 체험해 볼 수 있다. 진도 아리랑, 장구, 가야금 등을 배우며 국악에 가까워지는 시간. 기대이상으로 재밌다. 다과와 음료도 준비되어 있다. 1인당 2만원.

장맛비가 억수같이 내리던 날, 한옥 게스트하우스에서 매월 정기 국악공연이 있다 해서 찾아간 곳. 소리울 게스트하우스에 들어서자 청명한 음악소리가 빗소리를 깊숙이 파고들고 있었다.

비도 오는데 작은 한옥 어디에서 공연이 열릴까 싶었는데 기우였다. 대청마루 양쪽에 연결된 방 두 개를 개방하니 탁 트인 실내 공연장이 된 것. '정가악회' 국악단의 대금, 거문고, 장구, 판소리 등 다양한 공연이 생동감 넘치게 이어졌다. 중간에 설명을 해 주니 쉽고 재미있게 감상할 수 있었다. 한쪽에는 호스트가 마련한 음식과 과일이 차려져 있었는데, 넉넉한 마음으로 음악을 즐기라는 뜻이라고 한다.

자연이 들어와 있는 집

소리울 게스트하우스는 경복궁과 정독도서관 사이, 국립현대미술관 서울관 바로 뒤편에 있다. 홈페이지의 약도대로 쉽게 찾을 수 있다. 호스트 김현주 씨는 처음 국악공방을 하려고 이 집을 마련했다. 그런데 게스트하우스를 하면 우리 문화를 더 쉽고 자연스럽게 보여줄 수 있을 것 같다는 생각에 마음을 바꿨다고. 30년 넘게 방치된 집이라 수리비도 많이 들고 주변의 걱정과 만류가 심했지만, 한옥을 제대로 보여주고 싶어 정성을 다했다고. "한옥은 자연이 들어와 있는 집이잖아요. 아름다운 선을 다 보여주고 싶었어요."

마당을 품은 ㄷ자 모양의 집은 고즈넉하고 한적해서 시골집에 온 기분이 든다. 역귀, 달개비 등 이름도 예스러운 풀들이 장독대 사이로 비집고 자라나고 양반꽃이라 불리는 능소화도 활짝 피었다. 풀냄새 꽃냄새 가득한 마당이 계절을 느끼게 한다. 넓은 마루와 방안 곳곳에 있는 악기 이름을 따라 방 이름을 지었다. 대나무에 옻칠을 한 포크부터 접시, 소반, 서랍장 등 세월이 묻어나는 소품

1 게스트가 써준 붓글씨가 멋스럽다.
2 고무신을 신고 안마당을 걸어보자.
3 인테리어 소품이 되기도 하는 악기.
4 한옥의 선을 살리려고 노력한 흔적이 방방마다 고스란히 남아있다.
5 서까래가 드러난 한옥.
6 시골집에서 가져온 툇마루. 나무결에서 세월의 흔적을 느낄 수 있다.

이 있고, 마루에 있는 툇마루 테이블은 오래된 집을 헐기 전에 툇마루를 통째 들고 와 쓰고 있는 것이란다. 보는 사람마다 결이 살아있는 아름다움에 극찬을 한다.

호스트가 가장 자랑하는 것은 천연염색을 한 목화솜 이불이다. 1인당 백만 원이 넘는 이불을 두고 어떤 손님은 평소 다니던 별 5개짜리 호텔보다 더 훌륭하다며 좋아했다고 한다. 호스트 김현주 씨는 "우리 민족이 원래 잠자리가 정갈하고 고급스러웠어요. 그걸 있는 그대로 보여주고 싶었죠." 하고 말했다.

예술가들이 찾는 집

한옥은 국악 공연을 할 수 있는 최고의 장소이다. 공연 날에는 남녀노소 불문하고 매우 좋아한다고. 한옥에 묵으며 멋진 연주까지 들을 수 있으니 횡재한 기분일 것이다.

소리울 게스트하우스에는 예술가들이 많이 찾아온다. 집에 귀한 악기가 있다 보니 음악과 관련된 일을 하는 사람과 화가나 작가도 많이 찾는다고 한다. 주변에 갤러리와 박물관이 많으니 자연스레 예술을 좋아하는 사람들이 머물게 되는 것 같다. 외국손님들도 전시회나 여행, 세미나 때문에 왔다가 이 오래된 한옥의 정취에 빠지곤 한다고. 집이 사람이 담긴 그릇이라면, 소리울이라는 그릇은 소박해보여도 사실은 값비싼 골동품 같은 그런 그릇이다.

호스트 김현주 씨는 감기 걸린 내게 따뜻한 오미자차를 권했다. 게스트들과 대화를 나눌 땐 과일 한 쪽이라도 내오고 테이블 세팅도 신경 쓴다고.

Host & Guest Interview

호스트 김현주

한옥에서는 많은 일들이 가능해요

어느 날 일을 도와주던 국악 단체에서 한옥을 빌려야 할 일이 생겼다. 아무도 선뜻 빌려주지 않아 고민하다가 문득 한옥이 있으면 여러 일을 할 수 있다는 걸 깨달았다. 그길로 곧장 집을 알아보고 계약을 했다. 살던 집의 전세금을 빼서 투자한 것이었다. 남편이 적극적으로 지지해줘서 용기를 냈다고. "국악기가 있는 한옥 게스트하우스만 생각하다가 '청소와 빨래'라는 강적을 미처 생각지 못했지만 말이죠." 하고 그녀가 웃었다.

그녀는 남원에서 태어나 어렸을 때부터 장구나 가야금을 만지면서 컸다. 20년 가까이 방송작가 일을 하면서 아들 셋을 키울 때도 판소리를 배우며 스트레스를 풀곤 했다고. 세 아들도 자연스럽게 거문고, 대금, 피리를 전공하며 두각을 나타내고 있다. "늘 손님이 끊이지 않고 음식 대접을 많이 하는 집에서 자랐어요. 집에 손님이 오는 게 좋았고 지금도 마찬가지에요." 그래서 그녀는 게스트하우스에 오는 손님들이 친척집 오듯 들리길 바란다고 한다. 침구에 신경을 많이 쓴 것도 편히 쉬다갔으면 하는 바람에서였다. 자신이 들려주는 음악에 귀 기울이고 편히 잤다는 이야기를 들으면 그렇게 뿌듯할 수 없다고. 외국에 게스트하우스를 열고 국악기 체험 공방을 여는 것이 다음 계획이다.

게스트 홍서민 & 임문매 (대만)

우리 둘 다 집에 한복이 있어요

아침식사 시간. 분명 대만에서 왔다고 하는데 한국어로 대화한다. 더욱 놀라운 것은 7년 전에 서울에서 1년 정도 한국어학원을 다닌 것이 전부라는 것.
"그동안 계속 한국어를 쓰면서 살았거든요."
한국어를 공부한 뒤 대만에 있는 한국 대기업의 사장 비서로 근무했고, 학원에서 한국어를 가르치기도 했단다. 지금은 한국어 통역과 번역 일을 하면서 모델로도 활동 중이다. "서울에서 공부할 때 한옥이 있다는 것도 몰랐는데 신기해요." 하고 그녀가 말했다.
또 한 명의 일행 임문매. 서울에서 어학원을 거쳐 대학원에서 공부하고 현재 대만 게임회사에서 한국어 번역 일을 하고 있다. 그녀는 좋은 음악도 계속 들을 수 있고 악기도 만져볼 수 있어서 좋다고 한다. 특히 한복체험이 재미있었다. 그녀들은 집에 한복이 있다고 한다. 우리 집에도 없는 한복이 그녀들의 대만 집에는 있다니 살짝 민망했다.

호스트가 추천하는 **동네 맛집 & 카페**

조선김밥

하얀 바탕에 검은 글씨로 만든 간판처럼 메뉴 구성도 간단하다. 혼자였지만 궁금증을 참지 못하고 네 개의 메뉴 중에서 두 개나 주문했다. 네 명이 와서 "하나씩이요!"를 외치는 사람들을 부러워하면서 말이다.
좁은 공간에 요리하는 사람만 세 명. 포장 손님도 많아 작은 식당 안이 늘 북적거린다. 국립현대미술관 바로 뒤에 있어 찾기도 쉽다.

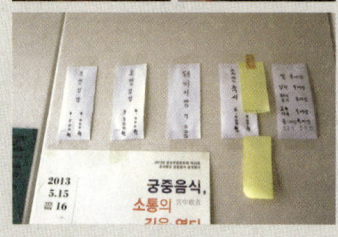

price _ 조선김밥 4,000원 (포장 3,500원)
　　　　오뎅김밥 4,000원 (포장 3,500원)
　　　　돼지지장 7,000원
　　　　조선국시 6,000원
add _ 서울시 종로구 율곡로 1길 78
tel _ 02-723-7496

호스텔 코리아 11th 창덕궁점

우리나라 1세대 게스트하우스

---

add _ 서울시 종로구 돈화문로 85
tel _ 070-4705-1900
price _ 도미토리 25,000~29,000원, 2인실 99,000원, 3인실 129,000원, 가족실 149,000원, 조식 제공, 취사 가능, 와이파이, 공용 컴퓨터, 국제전화 무료, 세탁 무료, 짐 보관, 24시간 직원 상주, 한국어·영어·중국어 가능
in & out time _ 3PM, 11AM
web _ www.cdg.hostelkorea.com
subway _ 지하철 1·3·5호선 종로3가역, 3호선 안국역

● Writer's Comments

호스텔 코리아 창덕궁점이 인기 높은 이유 하나는 위치 때문이다. 1, 3, 5호선이 연결되는 종로3가역 6번 출구에서 창덕궁 방향으로 돈화문로를 직진하면 바로 있다. 대로변에 있는 큰 건물인데다 게스트하우스로 쓰기 위해 새로 지은 건물이라 주변의 오래된 건물들 사이에서 눈에 띈다. 지나가던 사람들도 궁금해서 들어와 뭐하는 곳인지 묻고 카페로 착각해 들어오는 사람도 많다고 한다.

 지하에 한의원이 있어 외국인들이 한국의 한의학을 체험할 수 있다. 투숙객은 무료로 체질분석도 받을 수 있고, 쿠폰을 받아 한방마사지도 이용할 수 있다.

'호스텔 코리아'는 우리나라의 게스트하우스 1세대로 꼽힌다. 2002년 종로에서 처음 문을 열었고 현재 서울과 제주에 11개의 지점을 둔 기업형 게스트하우스로 성장했다. 11번째 오픈한 '호스텔 코리아 11th 창덕궁점'은 깨끗하고 현대적인 시설과 감각적인 인테리어로 인기 급상승 중이다. 화창한 10월초, 돈화문로를 기분 좋게 어슬렁거리며 한복집, 국악기집, 자수공방, 떡 박물관 등을 구경하고 이곳을 찾았다.

종로3가역 근처라 교통도 편리하고 백여 명을 수용할 수 있을 만큼 큰 규모의 게스트하우스 문을 여는 순간 환한 분위기가 좋았다. 리셉션에는 늦은 시간까지 두 명의 직원이 상주하고, 한쪽에는 직원의 얼굴과 이름, 가능한 언어가 붙어있었다. 영어, 중국어, 일어가 모두 가능해서 외국인이 와도 문제없다고 한다.

카페테리아와 주방도 널찍하고, 투숙객에게 대여해주는 회의실도 있다. 엘리베이터를 타고 꼭대기층인 5층에 올라가면 창덕궁 풍광이 들어오는 하늘 정원이 일품이다. 커다란 창덕궁 문을 내려다보는 느낌이 색다르다. 바비큐 파티를 할 수 있는 공간도 있다.

가장 발전된 모델의 게스트하우스

"게스트하우스 중에 가장 발전된 모델이지요."

대체 뭘 갖고 저렇게 자신 있게 말하나 싶은 생각이 들었는데, 도미토리룸을 보니 고개가 끄덕여졌다. 솔로 여행자들이 꿈꾸는 방을 그대로 실현시켜놓았다. 남자방과 여자방으로 구분되어 있고, 10명을 수용할 수 있는 넓은 방 안에 샤워실과 화장실이 있다. 사생활이 완벽하게 보호되는 캡슐베드는 넓이와 높이 모두 넉넉하고 안정감이 있어서 일반 침대 못지않게 안락해보였다.

이 방의 가장 큰 장점은 초대형 사이즈의 개인 캐비닛. 여행 가방을 통째 넣

1 시간 가는 줄 모르고 읽었던 볼거리 많은 게스트북.
2 정갈한 인테리어와 깔끔하고 포근해보이는 침구가 잘 어울린다.
3 도미토리룸의 캡슐베드. 솔로 여행자들이 꿈꾸는 방을 실현해 놓은 듯하다.
4 성별을 구분해서 만든 도미토리룸 입구. 비밀번호를 눌러 출입할 수 있다.
5 호텔 못지않은 화장실겸 샤워실.
6 하늘 정원에 올라가면 종묘의 우거진 숲과 창덕궁이 내려다 보인다.
7 회의 및 교육을 위한 공간.

을 수 있는 크기에 캐비닛 안에는 개인 콘센트까지 설치되어 있다! 많은 곳을 여행했지만 개인 캐비닛 안에 콘센트가 있는 곳은 없었다. 직원들의 아이디어로, 건물을 지을 때 계획해 만들었다고 한다. 여러 명이 쓰는 도미토리룸에 있다보면 휴대폰이나 카메라 배터리를 충전할 때 이만저만 신경 쓰이는 게 아니다. 나는 엄지손가락을 치켜세울 수밖에 없었다.

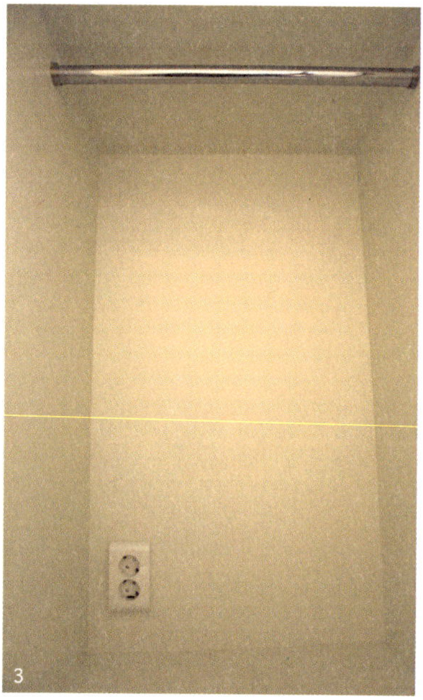

   2인실, 가족실 등 다양한 형태의 방에는 욕실이 따로 있고 텔레비전과 냉장고도 갖춰져 있다. 테라스가 있는 방부터 전통적인 느낌을 살려 꾸민 방까지 분위기도 조금씩 달라 호텔이라 해도 될 수준이다.

1,2 정해진 시간에는 취사가 가능한 넓은 주방.
3 큼직한 캐비닛에 숨어 있는 콘센트까지, 게스트를 생각하는 직원들의 아이디어가 놀랍다.
4 직원들에 대한 안내가 있으니 참고하면 편리하다.
5 조식 시간에는 직원들이 총출동한다.
6 잊지 말고 할인 받자.

엄청난 양의 메시지북

　다녀간 사람들도 많아 메시지북을 들여다보는 재미가 쏠쏠하다. 스케치북과 색연필을 비치해서 글 뿐 아니라 그림도 그릴 수 있게 해놓았는데 "사진을 찍어서 따로 보관해요. 좋은 추억이거든요."하고 스태프가 말한다. 지방에서 가족여행 왔다는 10살 꼬마가 그린 눈만 커다란 공주님도 있고, 외국어도 있다. 외국의 경우, 호텔뿐만 아니라 게스트하우스 급의 숙소도 여러 도시에 지점이 있어 지점을 찾아 머물면 할인도 받고 예약도 쉽다. 친절하고 시설과 관리도 믿을 만해서 여행자들이 선호한다. 호스텔 코리아가 서울과 제주도뿐만 아니라 다른 도시로도 지점이 확장된다면 좋겠다. 이름만 믿고 예약할 수 있도록 말이다.

+
Host & Guest Interview

호스트 권진수
게스트하우스는 앞으로 더 많이 필요해질 것

2002년, '호스텔 코리아'를 창업했다. 게스트하우스를 준비하면서부터 호주와 뉴질랜드에서 1년 반 넘게 사백 군데 이상의 호스텔을 다녔다. 직접 겪어봐야 알 수 있다는 게 그의 철학이었다. 한 번 맺은 인연이 계속 이어진다는 점이 게스트하우스의 매력이라고 한다. 게스트가 직접 만들어 보내온 선물에는 'JUST LIKE HOME'이라고 쓰여 있었다. 단골식당에도 데려가고 온천도 함께 갔었던 손님이라고 한다. "제가 그 나라로 출장을 갔더니 휴가까지 내서 저를 데리고 맛집 투어를 해주더라고요. 그런데 같이 갔던 식당 웨이터가 저희 게스트하우스에 묵었던 적이 있다며 나를 알아보고 인사를 하는 거예요." 외국에서 알아보는 손님이 있을 정도니 글로벌 기업이라 해도 손색이 없겠다.

매니저 김민영
여행자들을 만나며 세상 공부해요

민영 씨는 그동안 내가 만나 본 매니저들 중에서 가장 털털한 성격의 소유자였다. 맏언니(?)의 인상이라고나 할까. 게스트하우스에 와서 쭈뼛쭈뼛 맴도는 사람들을 그냥 지나치지 못한다. 다른 일행과 어울리게 자리를 만들어주고 말을 건다.
"여러 사람들을 만나다 보니 시야가 트인 것 같아요. 몰랐던 나라와 낯선 문화에 대해서도 알게 되고 사람 사는 모양이 다 제각각이라는 것도 알게 되었어요."
여행자들을 통해 세상 공부를 제대로 하고 있는 셈이다.

게스트 엠버와 리사 (뉴질랜드)
서울에서 영어 강사로 살아보고 싶어요

뉴질랜드에서 온 엠버와 리사는 사십대 엄마와 십대 딸이다. 아시아 나라들 중에선 첫 번째 여행지가 한국이라고. 장시간 비행기를 타지 못하는 아빠는 일주일 째 집을 지키며 그녀들을 기다리고 있다.
엠버는 대학 졸업 뒤에는 영어를 가르치러 서울에 올 생각이다. 한옥에 며칠 묵은 후 이곳에 오게 되었다고. 그녀는 "러블리한 스태프들!"을 강조한다. 지도만 들고 서 있어도 다가와 말을 걸어주어 감탄했다고. 엄마 리사는 "깨끗한 것이 제일 좋아. 가격도 좋고. 결과적으로 호텔에 가는 것보다 좋은 선택이었어." 하고 거든다.

호스트가 추천하는 동네 맛집 & 카페

종로 할머니 칼국수 (본점)

price _ 손칼국수, 손칼제비 5,000원, 고기/김치 손만두 6,000원
add _ 서울시 종로구 돈화문로 11다길 14-2
tel _ 02-744-9548
open & close _ 11:00~20:00

이곳을 이제야 알게 되다니! 게스트하우스 직원들이 제일 좋아하는 점심 메뉴로 손꼽은 할머니 칼국수는 정말 눈물이 날 정도였다. 알고 보니 오래전부터 유명한 곳.
오픈 주방으로, 칼국수, 만두 등 단출한 메뉴는 모두 맛있다. 시장 골목에 있지만 복잡하지 않아 금방 찾을 수 있다.

cafe EL CAMINO

price _ 아메리카노 2,000원, 카페라떼 2,700원, 샌드위치 5,000원, 와플+아메리카노 6,000원
add _ 서울시 종로구 돈화문로 67
tel _ 02-742-2582
open & close _ 08:00~20:00

스페인어로 '길'이라는 뜻이다. 집 근처 이런 카페가 있으면 당장 단골이 될 것 같다. 작고 아기자기한 인테리어가 아늑한 느낌이다. 착한 커피 가격에 놀라고, 맛있어서 또 한 번 놀라게 된다.
와플이나 샌드위치를 커피와 함께 세트 메뉴로 먹어도 다른 곳의 커피값 정도면 된다. 손님이 써놓고 간 방명록에 카페 주인이 센스 있는 답변을 달아준다.

미세스윤 비앤비

파티하기 좋은 프리미엄 스위트룸

부암동

add _ 서울시 종로구 부암동 288번지
price _ 3인 기준 150,000원(1인 추가 30,000원. 최대 8명). 조식 제공. 세탁 가능, 와이파이, 주차가능
in & out time _ 2PM, 11AM
subway _ 지하철 3호선 경복궁역 3번 출구, 종로 13번 마을버스 5분 거리

삼각지역

add _ 서울시 용산구 한강로 1가 224-64
price _ 3인 기준 120,000원. 조식 제공, 와이파이, 가죽 공예 수업 가능(유료)
in & out time _ 2PM, 11AM
subway _ 지하철 4·6호선 삼각지역 3번 출구 5분 거리

신용산역

add _ 서울시 용산구 한강대로 38길 25
price _ 싱글룸 50,000원, 트윈룸 85,000원. 조식 제공, 와이파이, 세탁 가능
in & out time _ 2PM, 11AM
subway _ 지하철 4호선 신용산역 1번 출구 1분 거리

tel _ 070-8952-6554 **web** _ blog.naver.com/mrsyoonbnb

● Writer's Comments

미세스윤 비앤비는 세 군데로 나눠서 운영 중이니 취향대로 고를 수 있다. 부암동은 그 중에 하나. 신용산 역 근처의 미세스윤 비앤비는 1~2인용의 원룸 스튜디오로 구성되어 있다. 방은 총 다섯 개. 방마다 화장실 겸 샤워실, 세탁기, 취사도구 등이 갖춰져 있다. 군더더기 없이 심플한 스타일이다.

삼각지역 근처에 있는 미세스윤 비앤비 게스트하우스는 방이 두 개이며, 독채로도 쓸 수 있다. 1층은 가죽공방, 2층은 3~4인용의 소녀스러운 방, 3층은 소년스럽다. 빈티지 소품과 가구로 채워져 있고 패브릭 제품은 호스트의 손에서 탄생한 것들이다. 세 곳 중에 가장 인기가 많은 곳으로 두 개의 층을 동시에 빌려 사용하는 사람들도 있다. 1층 가죽공방에서 유료로 체험도 가능하다.

쉬어가기 좋은 동네, 부암동

서울은 대도시임에도 불구하고 지척에 오를 수 있는 산이 많다. 특히 부암동은 인왕산 자락을 끼고 있어 산책삼아 오르내리며 쉬기 좋은 동네이다. 근처에는 지하철도 없고 고층건물도 없다. 이 동네에 들어서면 공기가 달라지고 시야가 맑아진다. 서울 한복판에서 잠시 벗어나 쉴 수 있는 보석 같은 동네이다.

미세스윤 비앤비는 부암동에서도 가장 경치 좋은, 서울미술관 옆의 하얀색 3층 건물이다. 호스트 미세스 윤은 우연히 이 건물이 비어있다는 것을 발견하고 곧장 게스트하우스로 낙점했다. 지하는 강아지 유치원, 1, 2층은 여성전용 쉐어 하우스, 3층은 게스트하우스로 쓰고 있다. 건물 전체가 특이한 콘셉트로 쓰이고 있는 셈이다.

이집의 매력은 뭐니 뭐니 해도 독특한 인테리어. 가방을 내려놓고 카메라부터 먼저 꺼내들었다. 빈티지 조명부터 흔하지 않은 앤티크 가구까지 빈티지 숍에 온 건 아닌가 싶을 정도이다. 모두 외국 여행을 다니면서 모으거나 오래전부터 소장하던 것들이라고. 이런 독특한 감각을 가진 호스트 미세스 윤이 더욱 궁금해진다.

"제가 생각하는 인테리어는 조화와 편안함이에요. 어떤 분위기로 할지 정한 후에 평소 갖고 있던 것들로 채워요."

게스트하우스 이용자는 대부분 여자들인데 이곳은 특히나 여자들이 열광하는 곳이다. 그녀의 감각적이고 감성적인 인테리어 솜씨 때문이다.

30평 공간이 통째 파티룸으로

게스트하우스로 쓰이는 3층은 30평 남짓 되는 공간이다. 복층으로 되어있어 아래층과 위층에 침대가 여섯 개. 최대 여덟 명까지 머물 수 있다. 미세스 윤

1 빈티지 조명과 앤티크한 가구들의 조화가 멋스러우면서도 편안하다.
2 이 방의 인기 아이템인 나무로 짜맞춘 복층침대.
3 신용산역 원룸.
4 커튼을 열면 테라스로 나갈 수 있다.
5 손재주 많은 호스트가 셀프 인테리어로 만들어 꾸민 방.

1 2층 테라스에서 보이는 석파정.
2 식탁이 커서 여럿이 와도 문제 없다.
3 부암동 미세스윤 비앤비 외관.
4 깨끗한 욕실 겸 화장실.
5 아침에 배달 받은 도시락. 정성이 느껴져서 맛있었다.

은 이곳을 소규모 파티를 열기 좋은 '프리미엄 스위트룸'이라고 말한다. 그녀의 말대로 이곳은 멋진 연회장 같다. 높은 천장과 넓은 공간에 아기자기하고 멋스러운 가구들이 어느 저택을 떠올리게 한다.

낮에는 커다란 창에서 쏟아지는 빛이 조명이 되고, 밤에는 높은 천장에 달려 있는 샹들리에 빛이 은은하게 퍼진다. 벽과 계단으로 공간은 구분되지만 하나로 연결도 되어 가족이나 친구들끼리 묵거나 사진 촬영장소, 파티나 워크숍 장소로 쓰면 좋을 것 같다.

한쪽 벽에는 길게 붙인 고급스러운 싱크대와 여럿이 앉을 수 있는 식탁이 있다. 식탁은 영국, 의자는 이탈리아에서 가져온 골동품들이다. "위층으로 올라가 창을 열면 석파정(흥선대원군의 별장이었던)과 주변 경관이 한눈에 들어와요. 아침에 참 상쾌해요."하고 미세스 윤이 말했다.

외국에 사는 한국인들이나 한국에 사는 외국인들이 많이 온다고 한다. 최근에는 한 가족이 두 달 동안 예약하기도 했다. 대부분 사진보다 실제로 왔을 때 더 만족스러워한다고. 유난히 진솔하고 긴 후기가 많은 게 그 방증이다. 조식으로 나오는 도시락에 대한 칭찬도 많았다.

부암동 미세스윤 비앤비 주변에는 맛집이나 카페, 생각지 못한 재미난 장소가 많다. 커피를 파는 여행사, 젓가락 박물관, 작은 서점이 있는 갤러리 같은 곳들이다. 부암동의 멋진 풍경을 즐기며 산책을 하기에도 좋다.

+
Host Interview

호스트 미세스 윤 모니카
혼자서 재미있게 할 수 있어요

지하철역에서 출구를 찾아 걷는데, 나를 붙잡아 세운 그녀. 한 번도 만난 적 없지만 느낌이 왔단다. 화장기 하나 없이 편안한 얼굴의 미세스 윤을 그렇게 만났다.
"거창한 계획은 없어도 게을리 살지는 않아요." 하고 인상 깊은 말을 했다. 그리고 하고 싶은 게 생기면 깊게 생각하지 않고 뛰어드는 성격이라고 했다. 디자인 관련 사업도 했고 레스토랑과 카페도 경영하는 등 일이 재밌고 좋아서 일 밖에 모르고 살았다고. 이것저것 궁리할 필요 없이 혼자서 재미있게 할 수 있는 걸 생각하다 게스트하우스를 떠올렸다. 결혼한 지 20년이 넘었지만 한결같이 아껴주는 남편의 응원이 큰 힘이 된다고. 미세스 윤은 퀼트, 뜨개질, 목공예, 가죽공예, 꽃공예 등 손으로 하는 건 못하는 게 없는 만능 재주꾼이다. 게스트하우스의 커튼이나 패브릭 소품도 직접 만들었다. 삼각지역의 비앤비 건물에는 취미 삼아 가죽공방도 열었다.
그녀는 매일 새벽에 일어나 숙박객들 먹일 도시락을 만들며 하루를 시작한다. "대충하긴 싫었어요. 내가 먹기 싫은 건 남도 주기 싫더라고요. 도시락 덕분에 손님들이랑 친해져요." 손님이 나가면 청소도 하고 방을 점검한다. 새벽 체크인도 웃으며 반겨주고 오는 손님들마다 진심으로 대한다. 오래 머물기를 원하는 손님들이 많은 게 당연해 보였다.

스태프 민희
관광 통역 안내사랍니다

민희 씨는 6년 동안 일어 관광 통역 안내사를 하면서 수많은 여행자들을 만나왔다. 일이 힘들어서 잠깐 쉬면서 여행도 다니고 영어 관광 통역 안내사를 준비해서 최근에 합격하기도 했다. 두 개의 전문 자격증을 가졌지만 도전을 멈추지 않고 또 다른 목표를 세웠다. 차분한 말투와 행동 뒤에 열정을 갖고 있는 사람이었다.
"최근엔 여행자들이 스스로 알아보고 찾아서 여행하는 분위기로 바뀌었어요."
그래서 인터넷 홍보나 관리에 중점을 두고 일한다.
"여행 와서 가장 중요한 건 먹고 자는 거잖아요. 그 두 가지에 정말 자신 있어요."

호스트가 추천하는 **동네 맛집 & 카페**

카페 럼버잭 Lumberjack

서울미술관에서 부암동 주민센터로 가는 언덕길에 있는 카페. 건물 외관 보고 오~했다가 안으로 들어가서 와~하게 되는 곳이다. 테이블까지 내려와 있는 앤티크 샹들리에, 오래된 책과 유리병들, 날것으로 드러나 있는 암벽, 독특한 메뉴판, 각기 다른 의자와 테이블들이 1,2층을 채우고 있다. 멋스러운 인테리어를 감상하며 맛좋은 커피와 쿠키를 먹었다. 자몽에이드와 스콘도 인기 메뉴.

price _ 테이크아웃은 2,000원 할인, 아메리카노 5,500원, 카푸치노 6,000원, 자몽에이드 7,500원, 초코렛 쿠키 2,000원, 스콘 3,500원
add _ 서울시 종로구 창의문로 151
tel _ 02-391-6123
open & close _ 11:00~01:00

[북촌 & 서촌]   [세종하우스 게스트하우스]

세종하우스 게스트하우스

잠을 부르는 한옥 온돌 도미토리

add _ 서울시 종로구 자하문로 1라길 16
tel _ 02-732-9080, 070-4201-9080
price _ 싱글 50,000원, 더블 70,000원, 트리플 90,000원,
    1인 추가 20,000원, 온돌 도미토리 1인 30,000원,
    조식 제공, 취사 가능, 짐 보관, 세탁 무료, 한복 체험 가능
in & out time _ 1PM, 11AM
web _ www.sejonghouse.kr
subway _ 지하철 3호선 경복궁역 2번 출구

북촌 반대편 또 하나의 예쁜 한옥마을, 서촌

경복궁을 중심으로 북촌과 서촌이 있다. 서촌은 보통 인왕산과 경복궁 서쪽 사이를 말하는데, 누하동 옥인동 통인동 효자동 사직동 등 여러 동네를 포함하고 있다. 골목에 따라 동네이름이 달라지기도 하고 정작 사는 사람들은 서촌이라 말하지 않아도 그곳은 이미 많은 사람들에게 '서촌'으로 불리는 동네이다.

북촌처럼 서촌에도 예쁜 한옥마을이 있다. 영화 '건축학개론'에 나왔던 한옥이 있고, 드라마에 나왔던 오래된 헌책방 '대오서점'도 있다. 서촌은 유명한 동네들이 으레 그러하듯 눈에 띄는 카페나 예쁜 가게들이 다닥다닥 붙어있는 곳과는 풍경이 달랐다.

모퉁이를 돌거나 골목으로 접어들면 하나씩 띄엄띄엄 무언가 만나게 된다. 그 은근한 정겨움이 좋아서 천천히 동네 마실 다니듯 걷게 된다. 소문난 식당도 지나쳐보고 유명한 블로거가 운영하는 가게 구경도 하면서 박노수 미술관까지 천천히 걸어보았다. 걷고 싶은 동네, 살아보고 싶은 동네이지만 살 수는 없으니 게스트하우스에서 머무는 것으로 대신해야겠다, 생각하면서.

세종하우스는 경복궁역에서 가장 가까운 한옥 게스트하우스이다. '세종마을 음식문화 거리'에서 뻗어나간 작은 골목에 있는데, 눈에 띄는 예쁜 집이다. 가까이 가니 달큰한 나무 냄새가 훅 끼쳐왔다. 영주산 소나무로 새로 지어 성숙한 색을 내기 전의 나무들이 신선함을 뽐내고 있었다. 나무가 마르려면 몇 년이 걸리기도 한다니 앞으로 어떤 색을 내게 될지 궁금해진다.

세종하우스는 한옥 게스트하우스 중 유일하게 '온돌 도미토리 룸'을 운영하고 있다. 알뜰하게 한옥체험을 할 수 있게 하고 싶었다는 호스트의 배려가 인기 비결이 된 것. 혼자 왔으나 혼자이고 싶지 않은 사람들에게 좋을 것 같다.

도미토리룸은 패밀리룸으로도 이용 가능하다. 솔로 여행자들도 찾아오지만

1 지붕 위에도 나무에도 고요하게 눈이 쌓였다.
2 화장실 겸 샤워실은 3개로 넉넉하다.
3 해가 지면 노란 조명이 따뜻하게 마당을 감싼다.
4 서까래가 높아서 답답하지 않다. 뜨끈한 바닥에 둘러앉으면 다들 일어나지 못한다고.
5 잼의 종류가 다양하니 취향대로 골라먹자.

처마 너머로 보이는 하늘이 파랗다.

모임이나 여행, 워크숍, 아이들과 서울 여행 온 가족 등 인원수가 많은 일행도 많이 찾는다.

방 네 개(싱글, 더블, 트리플, 도미토리)에 화장실 겸 샤워실이 세 개(실내1, 실외2)라서 편리하다. 호스트가 직접 도배를 한 깔끔한 방들은 모두 마당으로 창이 나 있다. 방마다 한쪽 벽면에 붙어있는 심플한 목제 옷걸이가 훌륭한 인테리어 포인트가 되고 있다.

방은 좁다는 생각이 들지 않을 만큼 여유있는 크기이다. 툇마루에 앉으면 가리는 것 없이 하늘이 올려다 보인다. 무엇보다 서까래가 높아 답답하지 않다. 공용공간으로 쓰이는 거실은 좌식 테이블에 둘러 앉아 도란도란 이야기 나누기 좋다. 마당에는 작은 연못과 집의 분위기 메이커인 커다란 물레방아가 있다. 대목장인 호스트의 부친이 선물로 만들어 준 것이다.

겨울이라 물은 없었지만 바람이 불어오니 자연스럽게 돌아간다. 물레방아 건너편에는 거울이 하나 있다. 대문이 열려 있을 때는 이 거울을 통해 지나가는 사람들이 발걸음을 멈추고 구경을 한다. 머물다 가는 사람들에겐 기념사진 포인트가 되어주기도 한다.

잠을 부르는 이상한 집

도착했을 때는 호스트가 집안 청소로 한창 바쁜 시간이었다. 손님이 나갈 때마다 바로 교체하는 이불 때문에 빨래도 많고 집안 곳곳 청소하기에도 만만치 않아 보였다. 그래도 수더분한 인상의 호스트는 순식간에 척척 해낸다. 싹싹한 성격 덕에 어른들과도 잘 어울리고 동생뻘 되는 손님들이 오면 종종 밥도 해서 먹인다.

그래서일까, 푹 자고 일어났다. "저희 집이 좀 그래요. 잠을 부르는 집인가 봐

요." 오는 손님들마다 푹 자고 일어났는데도 일어나기 싫다고, 끝없이 달콤한 잠에 빠져든다고 말한단다. 나도 달콤한 잠의 유혹에 빠져 하루 예정으로 갔다가 이틀을 머물렀다. 이곳에선 그런 일이 다반사라고 한다.

푹 자고 일어나니 소리 없이 눈이 내린다. 차 한 잔을 손에 들고 툇마루에서 기와에도 물레방아에도 내리는 눈을 가만히 지켜보았다. 한옥이 눈옷을 입는 풍경이 참 운치있다.

1 창 아래에 여행 팸플릿이 꽂혀있다.
2 거울에 비친 물레방아가 밖에서도 보인다.
3 밤 사이 마당에 눈이 쌓였다.
4 대문에 도어락을 설치해 비밀번호를 눌러 출입한다.

Host & Guest Interview

호스트 선영
이 집에 반해서 직장을 그만두었죠

"집이 너무 예뻐서 덜컥 계약을 해버렸어요."
선영 씨(30세)는 30대 중반엔 사업을 하고 싶다고 막연히 꿈꿔왔었는데, 운명처럼 나타난 이 집이 그 꿈을 현실로 만들어 주었다. 중국에서 대학을 다녔고, 졸업 뒤에는 호주에서 워킹홀리데이에 참여했고, 그러다 서울에서 직장을 다녔다.
이 집을 계약한 뒤 음식점을 할까 게스트하우스를 할까 잠시 고민하다가 일사천리로 진행해서 두 달 뒤 오픈과 동시에 회사를 그만두었다. 처음에는 손님이 별로 없고, 벅찬 일 때문에 개인생활도 없어지니 우울하기도 했다. 한달 쯤 지나 손님이 오기 시작하면서 일에도 완전히 적응했다. 광고를 전혀 하지 않는데도 광고가 필요 없을 만큼 늘 사람들이 끊이질 않는다. 예약을 원하는 사람들에게 방을 내주지 못할 때는 미안해서 근처 게스트하우스를 소개하기도 한다.
"알뜰한 여행이 되도록 도와주고 싶어요. 숙박비를 아끼면 다른 것들을 더 해볼 수 있잖아요. 그래서 한옥 도미토리를 만들었어요."
그녀 역시 틈만 나면 여행 갈 궁리를 하는지라 여행자의 입장을 잘 이해한다고.

게스트 장쉬둥(중국)
서울이 중국이랑 너무 비슷해서 놀랐어요

"서울이 중국이랑 너무 비슷해서 놀랐어. 서울은 좀 더 서양적인 느낌일거라 생각했었거든."
중국인들이 한국을 상당히 서구적인 나라로 인식한다는 게 재미있었다. 이제 막 성인이 된 장쉬둥(20세)은 스무 번째 생일을 서울에서 보냈다. 중국 텐진에서 나고 자란 그는 부모님의 '강요'로 뉴질랜드 유학길에 올랐다.
"처음엔 정말 가기 싫었어. 그런데 가서 다른 나라 친구들을 만나니까 재밌더라고. 부모님에게서 벗어난 것도 좋았어." 하고 개구쟁이처럼 웃었다.
이번 서울 여행이 뉴질랜드 말고는 첫 번째 해외여행이다. 여행의 매력에 빠져들기 시작한 것. 서울여행이 끝나지도 않았는데 벌써 다음엔 어떤 여행을 할지 생각하고 있다고.
서울의 추운 날씨에 놀랐지만 집이 따뜻해 다행이었다고.

호스트가 추천하는 **동네 맛집 & 카페**

밥+

price _ 곤드레밥 7,000원 매생이굴떡국 7,500원
      카레돈까스덮밥 7,500원
add _ 서울시 종로구 옥인길 9
tel _ 02-725-1253
open & close _ 11:00~21:00(15:00~17:00휴식)

밥집 유리창에 이런 글이 보인다.
'미원 안됨', '다시다 안됨', '나, 윤경이 엄마다'
너무 웃겨서 한참 웃었다. 계절메뉴인 매생이
굴떡국과 고로케를 시켰다. 메인 메뉴뿐 아니
라 반찬까지 맛있어서 완전히 반해버렸다.
봄에는 제주에서 올라온 쭈꾸미 삼겹살과 오
겹살이 인기메뉴이고, 가을 겨울에는 장흥과
완도에서 매생이와 굴을 조달해 음식을 만든
다. 산지에서 직접 오는 좋은 재료에 엄마 손
맛까지 더해지는 그 맛이란! 단골밥집으로 찜
했다.

러프 커피

price _ 아메리카노 3,500원 카페라테 4,000원
      빵 3,000원
add _ 서울시 종로구 자하문로 7길 29
tel _ 010-9229-7936
open & close _ 1

경복궁역 우리은행 사잇길은 동네 사람들이
다니는 길이다. 그릇 욕심 많은 사장님이 섬세
한 손길로 '보기도 좋고 먹기도 좋게' 내어주는
커피와 케이크가 일품. 카페 곳곳에 흥미로운
책과 소품이 있어 지루하지 않다. 자전거를 좋
아하는 사장님이 원하는 사람에게 공짜로 타
이어에 바람을 넣어준다.

휴안 게스트하우스

백년의 서울을 간직한 정갈한 한옥 한 채

add _ 서울시 종로구 북촌로 6길 32-1
tel _ 02-745-6638, 010-9859-9809
price _ 패밀리 디럭스 180,000원(4인), 패밀리 스탠다드 160,000원(4인), 디럭스 120,000원(2인), 스탠다드 100,000원(2인), 일~목 10% 할인가능, 조식제공, 와이파이, 공용 컴퓨터, 세탁 건조 무료, 짐 보관
in & out time _ 11AM, 3PM
web _ www.hueahn.com
subway _ 지하철 3호선 안국역 2번 출구

● Writer's Comments

호스트는 손님이 없을 때 마루에 누워서 자는 낮잠이 꿀맛이라고 한다. 나도 마루 한쪽에 누워보았다. 마루의 감촉이 좋다. 시원하면서도 따뜻한, 딱딱하면서도 푸근한 마루에서는 오히려 이불을 깔지 않고 누워 나무의 결을 그대로 느끼는 것이 꿀잠을 부르는 법이다. 나도 모르게 스스르 잠이 들어 한 시간이나 잤다.

 북촌의 한옥들은 대개 소규모인데, 휴안은 최대 스무 명까지 묵을 수 있는 규모이다. 때문에 단체 이용에 관한 문의가 많다고. 화장실 겸 샤워실도 세 개가 있고(실내에 1개, 실외에 2개) 넓어서 좋다. 현대식으로 공사를 해놓아서 외국인들도 쉽게 사용할 수 있다. 아이들이 숙박할 수 없는 한옥들도 있지만, 이곳은 누구에게나 활짝 열려 있다.

백년의 서울을 간직한 정갈한 한옥 한 채

서울에서 가장 오래된 골목에 오래된 한옥 한 채가 서 있다. 백년이나 된 한옥이라니! 계동길 바로 뒷골목에 있는 이 집은 방송에 소개되고 영화 촬영 장소로도 쓰일 만큼 유명한 곳이다. 뛰어놀 수 있을 만큼 넓은 안마당에 체크인·아웃하는 꽤 많은 사람이 동시에 나와 있다. 눈인사를 하며 둘러보니 키 큰 외국인 두 명이 눈에 띄었다. 그 중 한 사람은 한국인 여자 친구와 머물고 있는 스웨덴인, 또 한 사람은 독일인 건축가였다. 거제도에서 올라온 가족도 있었다.

호스트는 가장 예쁜 방이라며 마루에 바로 붙은 방을 보여주었다. 세월의 흔적을 느낄 수 있는 적갈색 서랍장과 은색 조명이 있는, 세 명 정도가 넉넉하게 누울 수 있는 방이었다. 마루로 난 문과 마당으로 난 문이 있고 색감이 좋은 목화솜 침구가 가지런하다. 벽에는 에어컨도 걸려 있었다.

짐을 내려놓고 살펴보니 조금씩 다른 크기의 방들이 마루를 중심으로 신기하리만치 오밀조밀하게 하나의 집채를 채우고 있다. 방마다 전통적인 소품과 자개로 무늬를 낸 나무거울, 오색천을 이어 만든 햇빛 가리개 등으로 장식되어 있다. 훈민정음이 쓰여진 한지 바른 문, 삼베와 자개로 꾸민 문과 상, 나무판 위에 조각을 하고 그린 그림들, 자개를 잘게 잘라 만든 방 번호표 혹은 문 테두리 등. 흔한 소품은 하나도 없다.

"대부분 전문가의 작품들이에요. 침구도 모두 맞춤이고요. 세심하게 신경 썼답니다." 호스트 윤형준 씨는 공무원 출신의 40대 남자. 그의 센스가 놀랍다.

마루에 앉으니 유리문 너머 처마와 마당, 기와로 만든 화단이 눈에 들어온다. 새삼 지금 한옥에 있구나 싶다.

여행자들과 함께 창덕궁에 가다

저녁이 되자 하나둘씩 마당에 모여 두런두런 서로의 이야기를 풀어놓는 여행자들. 그러다 다같이 다음날 창덕궁에 가기로 약속을 했다. 아침이 되어 다시 밥상 앞에 모여 앉았다. 정갈한 한식밥상으로 호스트가 세심하게 고른 도자기 그릇에 밥과 국, 몇 가지 반찬이 차려져 있다. 맛있게 먹고 창덕궁으로 향했다. 길을 아는 사람이 나뿐이라 얼떨결에 창덕궁 투어를 이끌게 되었다. 창덕궁 후원이 아름답다는 소문을 듣고 온 독일인 건축가 스벤은 세심하게 관찰하며 사진을 찍었다. 돌로 만든 유럽식 건축물에 익숙한 터라 나무로 만든 한국의 건축물이 특별하게 느껴진다고 했다. 인정전으로 들어가서 내부를 보고 싶어 했던 스웨덴인 오스카는 입장 시간을 놓쳐 아쉽게도 밖에서 보는 걸로 만족해야 했다. 영어 투어 시간을 맞추지 못해 서로 사진을 찍어주며 재미있게 구경했다.

점심은 근처 식당의 갈비탕. 왕만두까지 시켜 하나씩 나눠주자 스벤과 오스

1 내가 머물렀던 방. 자려고 누우니 마당에서 풀벌레 소리가 들려왔다.
2 도포와 갓을 걸어야 할 것 같은 스탠딩 옷걸이도 있다.
3 나무판에 그림을 그려 비어있는 담벼락에 걸어두었다.
4 화장실 겸 샤워실.
5 작은 쟁반에 나오는 아침 식사.

카가 아주 좋아했다. 옆 테이블에서 뭘 먹는지까지 살피며 메뉴판에서 저 음식들을 어떻게 찾는지 관심 있게 물어보았다. 그들과 헤어지고 다시 혼자가 된 나는 계동길을 배회하며 시간을 보냈다.

집으로 돌아왔을 때 대문이 열려있다. 호스트는 자신이 집에 있을 때는 대문의 한쪽을 항상 열어둔다고. 서양식 문은 안에서 밖으로 당기면서 열고 들어와야 하지만 우리 대문은 밖에서 안으로 밀면서 들어와야해 당황할지도 모를 외국인을 배려한 것이다. 오늘도 휴안의 대문은 활짝 열려있다.

+
Host & Guest Interview

호스트 윤형준
공무원 출신 호스트예요

"평생 해야 된다고 생각한 것만 하고 살았는데, 이젠 하고 싶은 걸 하면서 살고 싶어졌어요."
윤형준 대표는 14년간 사회복지 공무원으로 일했다. 여행에 관련된 일을 하고 싶어 파리에서 방을 빌려 지내다가 게스트하우스를 운영해보기로 마음먹었다. 한옥이 많은 계동은 10년 넘게 출퇴근을 했던 동네라 애착이 남다르다. 한옥을 게스트하우스로 꾸미기 위해 대여섯 달 동안 집만 보고 다녔다.
이 집은 자신의 생활공간이면서 동시에 새로운 꿈을 꾸는 공간. 이런 멋진 자신의 공간에 '소통' 할 준비가 되어 있는 사람들이 찾아오니 그 자체가 행복이라고 한다. 머무는 동안 함께 스포츠 경기도 보고, 꽤 많은 이야기를 나누었다. 저녁에는 혼자 밥을 먹어야 하는 나를 위해 김치 파스타를 만들어 주었다.
"여력이 된다면 이 동네에 2호점을 만들고 스태프들과 같이 일하고 싶어요. 영화 〈로맨틱 홀리데이〉처럼 다른 나라 게스트하우스와 한 달 정도 집을 바꿔서 살아보는 것도 재밌을 것 같아요."
그는 아직도 하고 싶은 것이 많다. 그의 꿈은 언제나 진행 중이다.

한나와 오스카 (한국女 & 스웨덴男)
커플의 한옥스테이 체험

마루에 걸터앉아 있는 커플이 예뻐 사진 찍어주기를 자청하고 나섰다.
"처음 봤을 때, 저한테서 빛이 났대요." 한나와 오스카는 5년 전 호주에서 워킹 홀리데이 중에 만나 약혼을 하고, 지금은 스웨덴에서 같이 공부를 하고 있다. 그런데 오스카는 무려 5살이나 연하다. 한나, 당신은 능력자!
오스카가 한국에 오기 전에 서울에서 하고 싶은 목록을 만들었는데, 두 번째가 북촌 한옥마을에 오는 것이었다고 한다.(첫 번째는 인사동과 N타워에 가는 것) 오스카는 문은 문인데 다 막혀 있지 않아서 신기하다. 침대가 없어서 걱정했지만 목화솜 이불이 너무 푹신해 '좋다'를 연발한다. 한나는 오랜 외국 생활에 한국이 그리웠는데 풀벌레 소리도 들리고 마루 밑으로 아무렇게나 벗어둔 신발이 있는 풍경이 너무 좋다고 했다. 하루만 머물고 가는 게 아쉽다며 다음번 한국행에도 꼭 다시 오겠다고.

스벤 (독일)
한옥은 과거와 현재가 지혜롭게 만난 건축물

일 때문에 한국에 왔다가 며칠의 개인 휴가 중인 건축가 스벤.
"보스가 지난 번 출장에서 한옥에 머물러 보고 강력하게 추천을 했어."
인터넷으로 여러 한옥 사진을 꼼꼼히 살폈는데 휴안이 방도 커 보이고 전시장을 보는 것처럼 소품도 잘 놓여있어 마음에 들었다고 한다. 물론 호텔보다 가격이 저렴한 것도 참 좋다고. 그런데 솔직히 키 190센티미터인 자신이 머물기에는 방이 조금 작다고 한다. 일주일을 머무는 동안 하루도 빼놓지 않고 아침을 챙겨먹을 만큼 휴안의 전통 한식 밥상이 좋단다.
스벤은 한옥이 아름답고 편안하다고 했다. 특히 전통적인 환경이 현대적인 환경과 바로 만나는 북촌이 마음에 든다면서 한옥은 과거와 현재가 만난 지혜로운 건축물이라고 했다.
다음 출장에도 한옥 게스트하우스에 머물고 싶단다.

[호스트가 추천하는 동네 맛집 & 카페]

Uncle's BOB

price _ 삼촌밥(꿀꿀 너비아니, 꼬꼬 꼬치, 김말이 밥, 샐러드, 국) 7,000원
　　　이모밥(수제어묵 우동, 김밥이 밥) 6,000원
add _ 서울시 종로구 계동길 98번지 1층
tel _ 02-763-8005

센스있는 메뉴에 합리적인 가격. 거기다 맛도 좋다. 테이블이 몇 개 없지만 테이크 아웃이 가능하니 안심하길. 삼촌이 해주는 밥, 또 먹으러 가고 싶다.

애플 백팩커스

교통이 좋고 대로변에 있어서 찾기 쉬운데다 관광지에 걸어서 갈 수 있는 최적의 숙소. 모든 방안에 화장실과 샤워실이 있지만 TV는 공용공간에만 있다. 일주일 예약하면 하룻밤은 무료, 세탁도 무료다. 최고급 시설은 아니지만 또 가고싶어지는 곳이다.

add _ 서울시 종로구 돈화문로 61
tel _ 02-3672-1979
price _ 도미토리 23,000원, 싱글룸 40,000원, 더블룸 55,000원, 트리플룸 70,000원, 패밀리룸 85,000원, 취사가능 (조식 제공 안함), 커피,차 제공, 세탁 무료, 짐 보관, 와이파이, 공용 컴퓨터
web _ www.applebackpackers.com

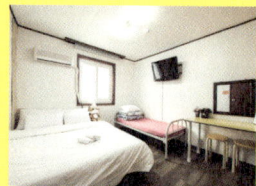 

궁 게스트하우스

100년이 넘은 고택을 개조해서 전통의 멋이 살아있으면서도 깔끔하다. 한복집을 운영하는 주인 덕분에 한복입기 체험과 만들어지는 과정까지 체험해 볼 수 있다. 싱글룸부터 패밀리룸까지 다양한 선택을 할 수 있는데 방마다 욕실이 있어서 편하다. 지하철 1,3,5호선 종로 3가역 도보 3분이라 대중교통 이용이 쉽다. 고급 매트리스에서 편안히 자고 일어나 맛있게 차려주는 아침을 먹어보자.

add _ 서울시 종로구 율곡로 8길 67
tel _ 010-5131-7332, 010-7131-9685
price _ 1인실 Star 50,000원, Moon 50,000원, Sun 50,000원
2인실 Field 80,000원, Mountain 80,000원, Sarangchae 100,000원
3인실 River 90,000원, Sea 90,000원
5인실 Family 200,000원(모든 방 1인 추가시 20,000원)
와이파이, 조식 제공, 짐 보관, 수건, 방 열쇠 제공
in & out time _ 3PM, 11AM
web _ www.gungguesthouse.com

수토메 게스트하우스

예술과 여행이 만나는 집

add _ 서울시 마포구 월드컵로 165-6
tel _ 02-6349-5688
price _ 도미토리 25,000, 싱글룸 50,000, 더블룸 70,000
(일주일 이상 머무를 시 가격 할인), 세탁 서비스 대행
가능, 와이파이, 조식 제공
in & out time _ 2PM, 11AM
web _ www.sutome.com
subway 지하철 6호선 마포구청역 5번 출구

● Writer's Comments

을지로에서 짜 맞춘 싱글 사이즈 침대와 작은 콘솔, 개인 서랍, 기타 소품 등으로 꾸며져 있다. 더블룸에는 싱글 침대 두 개가 마주하고 있고, 코너 벽면은 CD와 뮤지션들의 포스터로 데코레이션 되어 있다. 이국적인 패턴의 커튼을 열면 깔끔한 주방, 주방과 커튼 사이엔 잔잔한 음악과 함께 오손도손 모여 앉아 떠들고 싶은 식탁이 있다.

6호선 마포구청역 5번 출구로 나와 첫 번째 골목으로 고개를 돌리는 순간 수토메 간판이 보인다. 이렇게 찾기 쉽다니! 공항버스 정류장이 코앞에 있고, 지하철역 출구에 에스컬레이터가 있어 무거운 가방을 들고 이동하는 여행자에겐 더할 나위 없이 좋다.

게스트하우스가 아닌 '갤러리하우스'

망원동 주택가에 갑자기 탁 트인 공간이 나타난다. 아담한 안마당과 낡은 자전거가 있는 작은 잔디밭에 어린 나무 두 그루가 자라는 집. 호스트는 40년 된 70년대 스타일의 정겨운 벽돌집을 찾아냈고 여러 달 공들여 리모델링을 했다. 그리고 2013년 봄 '갤러리하우스 수토메'를 오픈했다. '수토메(sutome)'란 추억의 여행가방 Suitecase of memories에서 따온 것으로 신디 로퍼의 노래 'Time after time'에 나오는 가사이다.

수토메는 '갤러리하우스'라고도 불리는데, 갤러리와 게스트하우스가 공존한다. 1층은 전용 갤러리 공간이고, 2층과 3층은 게스트하우스이지만 내부 곳곳이 갤러리처럼 꾸며져 있다. 두 명의 호스트는 호텔 경영이 꿈이었던 엄마와 큐레이터 딸이다.

안마당 너머 현관으로 오르는 돌계단이 보이고 돌계단 아래 새빨간 철제문은 1층 갤러리로 통하는 비밀의 문이다. 유명 작가의 작품부터 학생들의 작품까지 누구에게든 공간을 내어준다고 한다. 지금은 호스트의 학교 후배들 서예 작품을 전시하고 있었다.

"갤러리가 있어서 좋아하는 게스트를 보면 뿌듯하죠. 부담 없이 가까이서 작품을 만나는 건 예술이 일상으로 자연스럽게 스며드는 것이니까요." 수토메 호스트 홍윤경 씨가 나를 맞이하며 말했다. 그녀를 따라 게스트하우스가 있는 2층으로 올라갔다.

빈티지 풍의 주택 외관과는 달리 새롭고 모던한 공간이 나타났다. 벽과 천장, 3층으로 통하는 계단과 난간, 방문과 거실 테이블, 수납장까지 모두 화이트이다. 3층으로 올라가는 계단 칸칸이 양옆으로 쌓아둔 책의 알록달록한 표지들은 훌륭한 인테리어 포인트이다.

1 깔끔한 수건은 기본.
2 세면대 옆에도 액자를 걸어놓았다.
3 향수, 방향제, 핸드크림 등을 구비해놓았다. 사용한 수건은 보이는 수납함에 넣으면 된다.
4 도미토리룸에 개인 커튼과 전등을 구비해 놓았다.
5 각종 차와 커피가 있으니 골라서 마시면 된다.
6 누구나 음식을 만들어 먹을 수 있는 주방.

책을 좋아하는 사람에게는 서재가 되고, 그림을 좋아하는 사람에게는 갤러리가 되는 수토메의 계단.

"갤러리에 왔다가 이 계단이 마음에 들어서 3시간씩 책을 보고 가는 분도 있고, 책을 보러 다시 오는 분들도 있어요."

수토메라는 공간은 게스트하우스이자 갤러리이며, 또한 그 자체가 갤러리 속의 예술작품인 셈이다. 초창기부터 손님이 많은 편이었는데 주기적으로 찾아오는 단골 여행자도 점점 더 늘고 있다고. 서울에 집이 있지만 주말엔 모든 걸 뒤로하고 독서를 하며 온전한 휴식을 취하는 사람, 지방에서 서울로 매주 출장 올 때마다 며칠씩 머물다 가는 사람, 한국을 찾을 때마다 들리는 일본 사람 등. 감각적인 인테리어가 큐레이터인 딸 홍윤경 씨의 안목이라면, 집처럼 편안한 느낌을 만들어내는 것은 어머니 이옥로 씨의 살림 솜씨인 듯하다. 호텔 경영이 꿈이었던 만큼 게스트하우스를 운영하는 데에도 남다른 애정과 에너지를 쏟아내고 있을 테니 말이다.

예술가와 여행자의 특별한 동거

수토메에는 이층침대 네 개가 놓인 8인실 도미토리룸 하나, 1인 싱글룸 하나, 싱글침대 두 개가 놓인 더블룸 하나가 마련되어 있는데 화장실 한 개와 샤워실 두 개가 있고, 외부에 세면대가 별도로 마련되어 있어 붐비지 않게 이용할 수 있다. 두 가지 종류의 식빵과 시골집에서 직접 만든 인기 만점 잼과 우유, 주스, 커피 등의 음료, 약간의 과일이 아침 메뉴이다. 누구나 쓸 수 있는 주방에는 아담한 식탁과 의자들이 준비되어 있다.

눈에 띄는 책 몇 권을 골라 폭신한 침대에 배 깔고 누워 읽다가 마음에 드는 인테리어를 배경으로 사진도 찍고, 1층 갤러리도 감상했다. 작품이 마음에 들면 구입도 가능하다. 멀리 가기는 부담스럽고 가까이에서 조용히 쉬고 싶을 때, 친구들과 영화를 보면서(갤러리의 하얀 벽을 스크린 삼아 종종 영화를 상영하기도

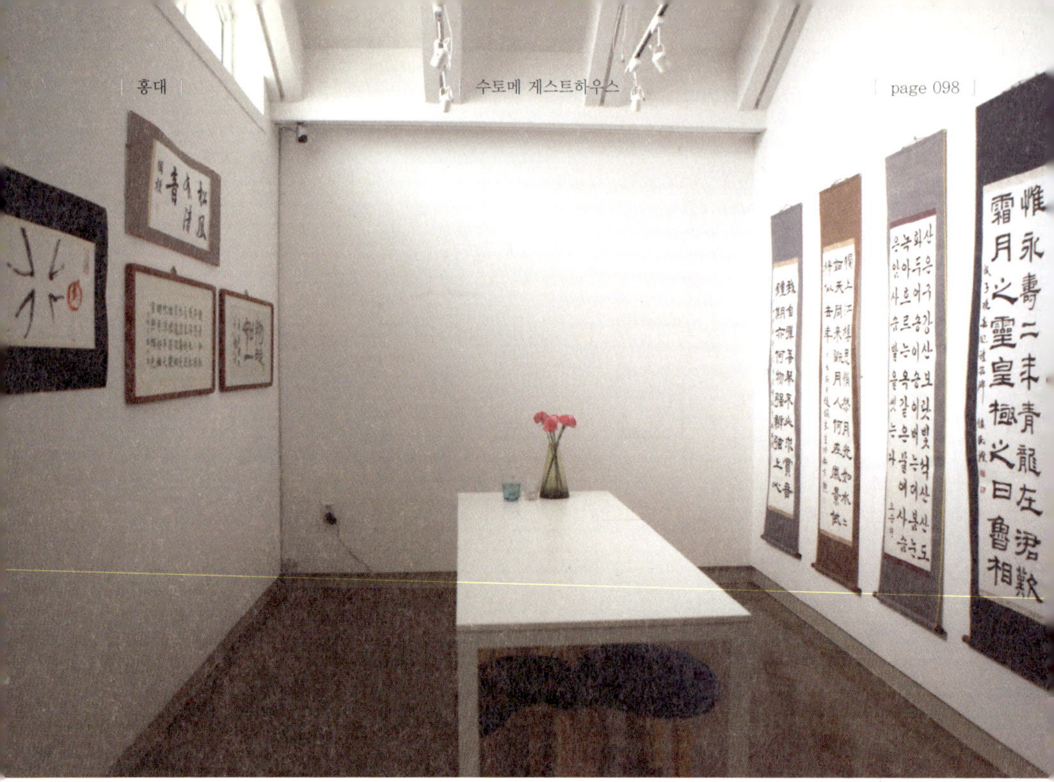

홍대　　　　　　　수토메 게스트하우스　　　　　　　page 098

전시 공간으로 활용하고 있는 1층 갤러리.

카페처럼 꾸며놓은 공간.

지인의 그림을 걸어 장식했다.

한다.) 수다를 떨고 싶을 때, 적당한 숙소였다. 실제로 그 주변에 큰 이벤트가 있기 전날이면 손님들로 꽉 찬다. 방마다 넓은 창문에 빛이 잘 들고, 테이블 위에는 예쁜 꽃이 있고, 그림과 사진 액자는 조용히 여행자에게 말을 걸어온다.

수토메에는 특별한 공간이 또 있다. 예술가들이 입주해서 살고 있는 세 개의 방이다. 게스트하우스 객실의 절반을 '작가 레지던시 프로그램'으로 운영하고 있다. 일정 기간 작가들에게 거주 공간을 내어주고 다양한 사람들의 교류를 통해 특별한 예술 활동을 실험하는 프로그램이다.

수토메를 지키는 모녀 호스트가 부럽다. 예술과 여행이라는 특별한 것이 두 사람의 삶 속에선 마치 일상 그 자체인양 자연스럽게 스며들어 있다. 집은 사람을 닮는 법. 예술과 여행을 조용히 일상으로 불러들이는 멋스러운 집이다.

+
Host Interview

호스트 홍윤경
수토메와 함께 어느 날 갑자기 모든 게 바뀌었죠

큐레이터로 수년 간 일하다 건강이 나빠지면서 재충전을 위해 사직을 했다. 그리고 어머니로부터 게스트하우스와 갤러리를 만들자는 놀라운 제안을 받았다. 30년 넘게 한 지붕 아래서 살아왔지만, 함께 일을 하는 파트너로서 만난 모습은 또 달랐다. 홍윤경 씨는 그 오랜 시간 감쪽같이 몰랐던, 아니 알려고 하지 않았던 어머니 이옥로 씨를 비로소 알게 되었다고 말했다. 그야말로 엄마의 재발견이었다. 게스트하우스를 운영하는 것은 상당한 노동을 요구한다. "그래도 마음을 열고 사람들을 만날 수 있다는 것에 평온함을 느껴요. 많은 것을 내려놓고 여행자들과 함께 휴식을 즐기는 거죠." 지금은 전시와 문화 행사를 기획하고, 원고를 기고하고, 학기에 한번은 강연도 한다. 바빠졌지만 시간을 내서 여행도 다니고 친구들도 만난다. 그녀는 "항상 간단히 생각하려고 노력해요. 결국에 하려는 일이 무엇인가 생각하면 쉬워지거든요."라고 한다. 이제는 아시아 다른 도시에 제2의 수토메를 만드는 꿈이 생겼다.

어머니 이옥로
엄마의 마음으로 손님을 맞아요

세상 어느 엄마와 딸이 그러하지 않을까. 그냥 같이 살기만 할 때는 몰랐는데 일을 시작하면서 서로의 다름을 생각보다 더 절실하게 느꼈다고. 하지만 의견 차이가 있을 때마다 부딪쳤다가도 금방 풀어지고는 한다. 사과를 잘하는 딸이 먼저 손을 내밀기 때문이란다.
'일하는 딸'의 모습을 지켜보노라면 너무 뿌듯하고 그것만으로도 행복하다고 말한다. 그리고 여행자들을 보면 멀리 다른 나라에 있는 둘째 생각이 난다. 그래서 자연스레 엄마의 마음이 된다. 게스트하우스는 엄마가 있는 집 같은 공간이어야 한다는 게 그녀의 생각. "누구나 여기서 포근함을 느끼고 돌아갔으면 좋겠어요." 하고 말하며 밝게 웃는다. 그녀 역시 딸 만큼이나 가만히 있지 못하는 성격이다. 끊임없이 뭔가 일을 벌이며 바쁘게 지낸다.

호스트가 추천하는 동네 맛집 & 카페

정광수 돈까스

price _ 돈까스 7,000원. 콤보 10,000원
add _ 서울시 마포구 방울내로 11길 35
tel _ 02-336-8919
open & close _ 11:30~14:00, 17:00~20:30

수토메에서 2분 거리의 동네 맛집. 대부분의 맛집이 그러하듯 화려한 인테리어나 사근사근하고 친절한 안내는 없다. 하지만 늘 문 앞에는 대기하는 사람들이 줄을 서 있고, 포장을 기다리는 사람들까지 북적인다.
돈까스를 주문하면 스프와 야채를 가져다주는데 소문대로 스프가 정말 부드러웠다. 여기 돈까스를 먹으려고 이 동네로 약속을 잡는다는 친구의 말이 괜한 것이 아니었음을 알았다. 착한 가격에 맥주도 마실 수 있다.

루트 커피

price _ 아메리카노 2,500원. 카페라떼 3,000원
　　　에스프레소 마끼아토 3,000원
add _ 서울시 마포구 월드컵로 31길 7
 tel _ 070 - 4210 - 0126
open & close _ 10:00~22:00

8년 전 홍대에서 시작하여 망원동까지 옮겨오며 상당한 마니아층을 거느리고 있는 루트 커피. 정광수 돈까스에서 2분만 더 걸으면 된다. 날이 더워 오늘의 커피 아이스를 주문하고 자리에 앉았다. 규모가 작은 카페치고는 커피 메뉴가 다양하다. 차분한 인상의 바리스타 사장님, 추천받아 왔다고 했더니 감사하게도 에스프레소 마끼아토를 만들어주셨다. 설탕 한 개를 풀어 마셔보라는 말씀에 도전! 싹 비울 정도로 맛있다.

서울베이스캠프 게스트하우스

이상한 여행자들의 소굴

add _ 서울시 마포구 양화로 27
tel _ 02-3144-2565
price _ 도미토리 12인실 15,000원, 8인실 18,000원,
        캡슐 16,000원(성수기 기준), 와이파이, 공용 컴퓨터,
        조식 제공, 취사 가능
in & out time _ 3PM, 12PM(지키는 사람은 없음)
web _ seoulbasecamphostel.com
subway _ 지하철 2·6호선 합정역 8번 출구, 도보 1분

● Writer's Comments

여행 중에 만난 두 사람이 친구가 되었고 함께 게스트하우스를 열었다. 방이 아니라 천막 안에 캡슐처럼 생긴 침대가 있는 곳. 동서양을 아우르는 다국적 여행자들이 자유롭고 편하게 어울리는 곳. 여행자들의 소개 글들을 보면 더욱 호기심이 발동한다.

CHECK ▶ Hostel Work Exchange : 하루에 3시간 게스트하우스 일을 돕고, 무료 숙박을 할 수 있는 제도이다. 물론 최소 한두 달 이상 일해야 한다는 전제 조건이 있다. 서울베이스캠프 게스트하우스는 3시간 노동으로 숙박을 해결하며 여행을 즐기는 신청자가 많다. 얼마 전에는 한국인 여성이 넉 달 일하고 다시 긴 여행을 떠났다고. 신청자가 겹칠 경우 두 명 정도는 동시에 가능하다고. 미리미리 문의해서 좋은 기회를 잡아보자.

합정역, 제3의 지대

합정역 8번 출구에서 나와 정면에 보이는 건물이 바로 '서울베이스캠프'이다. 건물 앞에서 마주친 호스트는 게스트와 식사를 가는 중이었고(최장기 숙박자로 매일 같이 밥을 먹는다고), 안으로 들어가자마자 방금 일어난 이탈리아인 한 명을 만날 수 있었다. 내가 이탈리아 여행 이야기를 꺼내자 금방 그의 이야기 보따리가 쏟아졌고, 그 사이 미국인 친구도 소개 받았다. 30분 만에 두 명의 외국인 친구가 생겼다. 외출했다가 돌아오는 이들도, 느지막이 일어나 천천히 하루를 시작하려는 이들도, 오랜 친구처럼 어울리고 우르르 몰려다닌다. 그 사이에 섞여들려면 영어를 해야 한다는 부담감이 살짝 밀려왔지만 웃고 떠들다 보니 그런 건 아무래도 상관없다는 생각이 든다.

여기는 서울 안에 은밀하게 숨어있는, 다국적 여행자들의 제3의 지대. 이곳에만 오면 그 누구라도 마치 어떤 수상한 조직의 소굴에 빠져들어 중독되는 것 같다. 금세 친구가 되는 아주아주 독특한 분위기 때문이다. 그래서 자유롭고 유쾌발랄하며 끝없이 새롭고 재미난 이야기가 쏟아진다. 이삼일 일정으로 왔다가 이삼주씩 머물고 가는 사람들이 많다고 한다. 그중에는 지방에서 영어를 가르치고 있는 원어민 교사도 많다. 주말마다 혹은 시간이 날 때마다 이곳에서 머물며 친구들을 데리고 와서 놀기도 한다. 외국 여행자들 사이에서도 입소문이 나서 많이 찾아온다. 한국 사람들이 외국 여행을 가서 한인민박을 찾듯이 외국인들도 이런 분위기에서 더 편안함을 느끼는 듯하다.

'서양인 소굴(?)'을 한국인들이나 다른 동양인 여행자들은 조금 불편해 할 수

1 귀중품을 보관하는 세이프티 박스. 자물쇠는 리셉션에서 구입할 수 있다.
2 호스트가 만든 나무 테이블 위에 보드게임이 준비되어 있다.
3 샤워실.
4 가볼만한 곳을 표시해놓은 커다란 지도.
5 초창기 게스트들의 도움으로 만든 주방.

| 홍대 | 서울베이스캠프 게스트하우스 |

천막으로 꾸며놓은 방. 야외에서 캠핑하는 기분이 든다.

인기 많은 캡슐베드. 위층은 나무 계단을 밟고 올라간다.

도 있다. 언어도 그렇고, 여행 스타일과 문화적 차이가 있기 때문이다. 해외 배낭여행을 가상체험하고 싶다면, 그냥 배낭을 메고 여기로 오면 된다. 들어서는 순간부터 서울 하늘 아래 있다는 사실을 완전히 잊게 될 터이니. 마치 가상현실처럼, 외딴 여행지에(하지만 흥미진진한) 떨어져 있는 느낌을 제대로 맛볼 것이다.

이상한 캡슐 베드

제3의 지대인 만큼 내부 인테리어도 범상치 않다. 이상하고 그로테스크하면서도 멋지다. 공장처럼 넓고 휑한 공간에 천막을 쳐서 방을 나눴다. 야전병원처럼 흰색 철제침대를 늘어놓은 방도 있고, 캡슐을 연상시키는 침대를 짜서 넣은 방도 있다. 초대형 2단 책장처럼 생긴 칸칸에 사람이 한 명씩 누워서 잔다. 인간이 아니라 마치 안드로이드들이 자신의 몸에 붙어있는 전원스위치를 끄고 기계처럼 누워 자야 할 것 같다. 하지만 의외로 불편하지 않다. 튼튼해 위 칸의 사람이 움직여도 삐걱거리는 소리도 흔들림도 없다. 개인 등과 베이스캠프 분위기의 군용 모포가 아늑해서 푹 잠이 들었다.

그리고 보니 공간을 참 효율적으로 나눠놓았다. 천막으로 만들어진 방 네 개, 독립된 세면대 두 개, 화장실 두 개, 오렌지색 샤워 커튼이 상큼해 보이는 샤워실이 세 개다. 샤워실 입구 세면대 옆에 큰 거울이 있어 여럿이어도 붐비지 않아 좋다. 넓은 공용공간에는 몇 개의 넓은 소파와 테이블, 공용 컴퓨터, 기타도 있다. 리셉션 앞 큰 지도에는 홍대 근처 맛집이나 클럽 등이 표시되어 있다. 벽에는 게스트들이 보낸 엽서가 빽빽하게 붙어있다. 한글을 그림처럼 쓴 외국인의 엽서를 발견하고는 귀여워서 한참 웃었다.

모든 음료는 천원에 판매하는데 게스트하우스의 보수를 위해 쓰인다고 한다. 자물쇠가 있으면 누구나 사용 가능한 세이프티 박스도 있는데, 자물쇠가 없으면 구입할 수도 있다. 옥상에는 식당과 샤워실 및 화장실, 긴 나무 테이블과 원하면 언제든 이용 가능한 자쿠지가 있다.

호스트와 여행자들이 함께 건설한 그들만의 세계

오래된 상가 건물을 최소한의 것들만 도움을 받고 대부분 직접 수리했다니 놀랍기 그지없다. 여러 곳을 여행한 독특한 여행자의 감각이 느껴지는 인테리어이다. 처음부터 고급스럽게 만들 의도도 없고, 보여주기식 인테리어도 하기 싫었다고. 불편하지 않게 실제 사용될 것들에 대해서만 세심하게 신경썼다고 한다. 가구는 얻거나 용접을 배워 만들었다. 나무테이블은 인터넷 동영상을 보고 만들었다. 오픈 초기에 머물던 손님들이 함께 망치질을 하며 적극적으로 동참했다고. 호스트와 여행자들이 뜻을 합쳐 함께 건설한 그들만의 세계, 바로 서울베이스캠프의 매력이다.

아침에는 호스트가 직접 와플을 구워준다. 사과잼을 발라 먹으니 따끈따끈 맛있다. 아침을 먹고 탁 트인 옥상 전망에 넋 놓고 한참을 앉아있었다. 건물 숲인 서울 한복판을 풍경으로 마주하니 이상한 기분이 든다. 제3의 지대는 가까이에 있어 쉽게 갈 수 있지만 먼 곳으로 여행와 있는 기분이 들게 하는 곳이었다.

+
Host Interview

호스트 민&제이크
여행지에서 운명처럼 만나 동업자가 되다

민. 대기업 사원에서 엔지니어로, 펀드 매니저로 남들이 부러워할 커리어를 쌓아왔지만 일하는 게 더 이상 즐겁지 않아 다 내려놓고 훌쩍 여행을 떠나 4년 동안 전 세계를 돌아다녔다.
제이크. 캐나다에서 나고 자란 한인 2세. 뉴욕에서 연기 공부를 하고 한인민박을 운영하다가 운명처럼 민을 만났다. 두 사람은 의기투합해 서울에서 게스트하우스를 열었다.
"평생 여행만 하며 살 수는 없으니까 친구들을 놀러오게 만들자는 것이 시작이었어요." 내가 갔을 때 제이크는 파리 여행 중이라 자리를 비운 상태. 두 사람이 함께 운영하지만 일 년에 두 달씩은 여행을 다니며 각자의 시간을 가진다. 늘 새로운 사람들을 만나서 좋지만, 그만큼 이별을 해야 하는 게 힘들다고. 여행자에게는 게스트하우스라는 작은 공간이 바로 서울이라는 도시 전체로, 한국이라는 나라 전체로 기억될 수도 있다. 그걸 잘 알기 때문에 좋은 인상을 심어주기 위해 노력한다고 한다.
서울베이스캠프는 조금씩 계속 변화하고 있다. 호스트의 표현대로 '혼을 담아 운영하는 공간'인 만큼 끊임없이 고민하고 새로운 아이디어를 구상한다. "옥상에 바도 만들고 싶고 소셜 문화도 만들고 싶고, 다른 대륙으로도 확장하고 싶어요. 영어와 일어 외에 다른 언어를 더 배울까 해요…". 그의 눈이 소년처럼 반짝인다.
서른 살. 열심히 일하고 돈을 벌기 시작하는 나이. 그러나 민은 이미 20대에 또래보다 많은 돈을 벌어봤고, 그것이 결코 행복을 주지 않는다는 걸 알게 되었다고. 그는 "아침에 일어나서 일하러 가기 싫다는 생각이 들면 그만둬야 할 때라고 생각해요." 듣고 보니 참 쉽다. 그런데 행동으로 옮기는 건 왜 어려울까.

Guest Interview

게스트 지오르지오(이탈리아)
싱글룸이 없어서 더 좋아요

나의 이탈리아인 친구들은 지인들을 초대해서 음식을 해 먹이는 걸 좋아한다. 지오르지오도 다르지 않았다. 매일 장을 봐서 친구들에게 파스타를 해 먹이고 와인을 마신다. 한국에 온 지는 여섯 달째. 카이스트에서 매니지먼트 엔지니어링 마스터 과정 교환학생으로 공부를 했다. 그리고 이제 집으로 돌아가기 전 마지막 시간을 서울에서 보내는 중이다. 서울베이스캠프는 학교 친구들의 추천으로 알게 됐다고. 함께 지내던 이탈리아인 친구들은 돌아갔지만 혼자서도 즐길 거리는 무궁무진하단다.
"소주에 아이스티를 타서 마시는게 제일 좋아."
"처음 왔을 때, 길 찾기가 힘들어 얼굴을 한대 맞은 것처럼 정신이 없었지만 이제 길도 잘 찾아!"
이탈리아인 특유의 정신없는 입담을 자랑하는 그는 정말 사람을 좋아한다. 이곳이 좋은 이유도 싱글룸이 없어서라고. 한방에서 다 같이 어울리며 두루두루 친해질 수 있는 점이 너무 좋다고.

게스트 세버(미국)
벽이 없어서 무섭지 않아요

놀랍게도 북한에 관한 공부를 하러 온 교환학생이다. 학교 친구들의 추천도 있고, 직접 만나본 호스트가 마음에 들어 방학 동안 여기서 지내는 중이라고.
"벽이 없어서 무섭지가 않아."
그는 특이한 천막 인테리어에 대해 이런 신선한 해석을 내놓았다.
"믹스룸이라 더 재밌어. 다른 게스트하우스는 성별이 나뉘어 있어서 재미없어!"
이런 장난스러운 해석도 덧붙이고.
샤워실이 더 많았으면 좋겠지만 다른 곳도 비슷하다는 걸 알기에 상관없다고. 가격도 싸고, 위치도 좋고, 무엇보다 사람들이 좋다며 "진짜!"하고 한국어로 외쳤다. 가끔 학교 친구와 약속 빼고는 대부분의 시간을 게스트하우스에서 보낸다. 가장 중요한 일은 좋아하는 갈매기살을 마음껏 구워 먹는 것.

게스트 더스틴(캐나다)
최장기 투숙객

외국에서 만난 한국친구들 덕에 한국을 좋아하게 되었다는 더스틴. 지난 2월 짧은 일정으로 왔다가 벌써 다섯달째 장기투숙 중이다. 서울베이스캠프 명예의 전당에 오른 최장기 투숙객이다. 인터넷 방문 후기가 좋아 찾아왔는데, 짐을 푸는 순간 다시 짐을 싸려면 오래 걸릴 것 같다는 예감이 들었다고. 몇 달을 더 지내게 될지 알 수 없다고 한다.
하루 종일 뭘 하고 지내느냐고 물어보니 헤벌쭉 웃으며 이렇게 소리친다. "여기 게스트하우스도, 서울도 너무 좋아!" 더 오래 머물려고 캐나다에서 일하던 회사까지 그만둬버렸다니, 정말, 세다. 그는 매일 민과 같이 밥을 먹고 여행도 함께 다녀왔다. 누구나 친구가 될 수 있는 곳이지만, 호스트는 정말 좋은 친구라고. 개인 공간이 없는 것만 빼면 모든 것이 퍼펙트하다며 더스틴은 엄지손가락을 치켜들었다.

호스트가 추천하는 동네 맛집 & 카페

앤트라사이트

'무연탄(Anthracite)'이라는 뜻의 빈티지 카페. 신발 공장을 개조해서 곳곳에 그 흔적이 남아 있다. 주변에 화력 발전소가 있어 무연탄이라는 이름을 생각하게 되었다고. 2층으로 올라가니 좌석도 많고 발코니도 있다. 커피와 자몽주스가 맛있다. 주차 공간까지 있어 좋다.

price _ 핸드드립 커피 5,000원, 자몽쥬스 6,000원
add _ 서울 마포구 마포구 토정로 5길 10
tel _ 02-322-0009
open & close _ 11:00~24:00

이슈 서울 게스트하우스

홍대 앞 리틀 차이나

add _ 서울시 마포구 동교로 110
tel _ 070-4236-4819
price _ 2인실(3개) 3인실(2개) 4인실(2개) 6인실(1개)
47,000~144,000원. 인원수가 아닌 방으로 계산.
국제전화 무료, 조식 제공, 취사 가능, 장기 숙박 할인
가능, 세탁 3,000원
in & out time _ 3PM, 11AM
web _ www.issueseoul.com
subway _ 지하철 2·6호 합정역 2번 출구, 망원역 1번 출구

● Writer's Comments

1, 2층에 각각 네 개의 방과 거실, 테라스가 있다. 그리고 1층 공용 샤워+화장실 외에 2층에 여성 전용 샤워+화장실이 한 개 더 있다. 인원수에 상관없이 일행이 아닌 다른 손님들과는 한방을 쓰지 않도록 배려해준다. 방 안에는 전신 거울과 헤어드라이어기, 주변 지도, 수건, 멀티 어댑터 등이 마련되어 있다. 집안 곳곳에 포인트를 준 인테리어가 여성 여행자들의 취향에 딱이다.

게스트하우스 안에서 엽서와 우표를 판다. 국내외를 막론하고 여행 다니면서 자신에게, 친구에게 엽서를 보내는 건 내가 가장 좋아하는 일. 그런데 여행지마다 우표를 사서 우체통에 넣는 일이 생각보다 쉽지 않았다. 그런데 숙소에서 다 해결할 수 있다니 참으로 괜찮은 시스템. 게다가 엽서는 주인장이 직접 사진을 찍어 제작한 것들. 여러 장의 엽서 중 골라서 우표를 붙여 현관 옆 작은 우체통에 넣어두면 게스트하우스에서 발송해준다(500원).

밥도 먹고 책도 읽고 이야기도 나누는 멀티 플레이스.

너무 깨끗해서 놀라운

'이슈'는 중국어로 '편히 쉬다'는 뜻이다. 이슈 서울. 서울에서 편히 쉴 곳을 찾는다면 이슈 서울로 오라는 말. 이름 한번 제대로 지은 듯하다.

첫 번째, 이만큼 깨끗한 게스트하우스 찾기 힘들 것 같다. 동급최강이다.

두 번째, 이만큼 찾기 쉬운 게스트하우스도 없을 것이다. 약도를 들고 길을 더듬어본 사람은 알 터. 길 찾기가 약도에 그려진 대로 정확하게 딱딱 맞아떨어질 때 느끼는 희열을 말이다.

큰 도로변의 건물들 중 화려한 그래피티가 담장을 휘감고 있는 집. 멀리서도 보이는 블랙 톤의 그래피티는 게스트하우스로 들어서는 입구부터 안마당의 낮은 벽을 ㄱ자로 두르고 있어 눈에 확 띈다. 겉으로는 평범해 보이는 이층양옥집

이층 침대 사이의 간격이 넉넉해 답답하지 않다.

은 그 때문에 묘하게 특별한 분위기를 풍겼다. 그러나 이 집의 현관문을 여는 순간, 발랄한 그래피티와는 전혀 다른 분위기가 펼쳐진다.

놀랍도록 차분하고 깨끗하다. 원목과 화이트로 중무장한(?) 인테리어 때문만은 아니다. 며칠 묵으며 그 신비한 깨끗함의 비결을 알게 되었다. 이슈 서울은 그야말로 미스터리한 손길에 의해 하루하루, 아니 매시간 매분 매초 모든 공간이 완벽하게 청소되고 있었다.

호스트 이경준 씨의 모친은 '게스트하우스의 생명은 시설보다는 청결'이라는 철학으로 깨끗하게 관리하는 것을 우선으로 한다. 때문에 매니저들 역시 잠시도 쉴 틈이 없다.

리틀 차이나 인 서울

호스트 이경준 씨는 나날이 늘고 있는 중국인 여행자를 대상으로 특화된 여행사업을 구상하는 아이디어맨이기도 하다. 그는 올 초 '이슈 서울'을 오픈하고 중국어 무가 여행 잡지 '짜이서울'을 발행하고 있다. 자타공인 이 분야의 전문가다.

손님의 80퍼센트는 중국, 대만, 홍콩, 싱가폴 등의 중화권에서 온다. 매니저도 한국말을 잘하는 중국인. 한자어로 빽빽한 방명록을 보니 여기가 서울이 맞나 싶다. 중국인 여행자들 속에 섞여 있으니 더욱 그런 생각이 들었다. 게스트 중 한국인은 10퍼센트, 서양인도 10퍼센트쯤 된다고 했다. 혹 중국인들이 많아 불편을 느끼지 않는지 물으니 오히려 중국인에 대한 편견을 없애는 계기가 될 것이라고 말한다. 나 역시 이렇게 많은 중국인들 속에 섞여 지낸 것은 처음이었지만 유쾌한 경험이었다.

솔직히 중국인들은 소란스럽고 분주한 사람들이라 여겼다. 그러나 나와 함께 머무른 네 명의 중국인들은 그런 내 편견을 바꿔주었다. 현관을 출입할 때를 제외하고는 있는지도 모를 정도였으니 말이다. 그들의 부탁으로 제주도 여행 준비를 돕기도 했는데, 재미난 경험이었다. 부산도 가고 싶고, 서울에서 쇼핑도 더 하고 싶으니 제주도는 1박 2일로 다녀오겠다고 했다. 그렇게 빠듯한 일정은 무리라고 말려보았지만 소용이 없었다. 하기야 넓은 중국 땅에 사는 사람에게 제주도가 멀다는 내 말이 가당키나 했을까.

하얀 벽에 하얀 책장, 긴 나무 테이블과 자리하고 있는 1층 거실은 조식을 먹고 쉬기도 하는 공용공간이고, 2층 거실은 폭신한 소파에 앉아 텔레비전을 볼 수 있고, 공용 컴퓨터를 이용할 수도 있다. 조식은 토스트에 샐러드, 삶은 계란, 주스와 커피까지. 다른 곳에 비해 풍성한 식단이다. 8시부터 준비되어 있는 음

2층 거실의 풍경. 1층 거실과 다른 분위기로 꾸며져 있다.

연습 공간이 필요한 아티스트들에게 벽을 제공하고 있어서 그래피티가 계속 바뀐다.

식을 먹고 설거지해두면 된다.

 중국으로 어학연수를 다녀온 사람이 서울에 친구를 초대해서 같이 머무는 경우도 많고, 근처 주상복합에 사는 아이돌 가수나 인기 배우를 보러오는 열성 중국 팬들, 홍대에서 주말을 보내려는 사람들, 지방에서 가족 단위로 서울여행 오는 사람들이 많이 찾는다. 중화권으로 어학연수나 여행을 가기 전에 들러 친구를 사귀어 보고 중국어에 대한 두려움을 없애는데도 좋은 기회가 될 것 같다.

 특히 게스트하우스 주변에 작은 카페가 많아서 좋다. 수수하고 작은 카페들이 건물 한두 채 건너 하나씩 자리하고 있어, 동네 카페 탐험을 하는 것도 좋겠다 싶다.

1 깔끔한 인테리어만큼 청소도 깨끗하게.
2 2층 계단.
3 샐러드가 나오는 조식.
4 주방 역시 언제나 깔끔하다.
5 샤워부스와 화장실이 분리되어 있다.
6 방명록에 글을 남겨 보자.

Host & Guest Interview

호스트 이경준
SNS로 중국, 대만, 싱가폴까지 입소문

게스트들에게 훈남으로 인기가 많다. 연예인 급 외모에, 친근한 성격까지 갖춘 매력남 이경준 씨는 매년 상상초월로 늘어나는 중국 관광객들이 서울에 와서 제대로 된 여행을 즐기지 못하고 가는 것이 안타까웠다고 한다.
30대 초반에 관광 사업에 뛰어들어 시티 투어 버스를 운영하고, 잡지를 발행했고 게스트하우스까지 오픈한 것이다. 그가 만드는 무가 여행잡지 '짜이서울(www.zaiseoul.com)'은 인천공항에 들어서는 중화권 관광객들이 가장 먼저 구할 수 있는 서울의 관광정보지이다. 잡지를 만들 때는 주로 관광공사나 기업과 만나기 때문에 일반 여행객들을 만날 기회가 없었다. 그런데 이슈 서울을 오픈하면서 진짜 중국 여행객들과 소통하게 되어 매우 즐겁다고. 문을 연 지 1년도 채 되지 않았지만 벌써 중국, 대만, 싱가폴까지 입소문이 난 것은 SNS 덕분이다. 홍보회사에서 일했던 경험이 SNS로 홍보하는 데에 십분 발휘되었다.

매니저 JOY
유창한 한국어를 구사하는 중국인 매니저

중국인 매니저 JOY는 영화 〈클래식〉을 보고 서울에서 영화음악을 공부하기로 마음먹었다고 한다. 그리고 지금은 장학생으로 학교를 다니고 있다. 어학원, 대학교, 대학원까지 서울 생활 8년차. 그의 한국어는 상상도 못할 만큼 유창하다. 굳이 밝히지 않으면 한국인이라 여길 정도. 중국어를 쓰는 손님들이 많아서 편하겠다고 했더니, "지금은 한국어를 쓰는 게 더 편해요." 하며 웃는다.

게스트 장지아(중국)
서울에 단골 미용실이 있어요

상하이 아메리칸익스프레스에서 발행하는 잡지 'Travel lesure'의 한국 프로젝트 매니저로 일하고 있는 장지아 씨. 그녀는 지금 서울에 출장 중이다. 틈틈이 단골 미용실에 가서 머리도 하고 쇼핑도 한다고. 심지어 쇼핑할 곳에 대해서는 나보다 더 잘 알고 있다.
"중국 사람들은 낯선 이에 대한 거부감도 많고 보수적이에요. 그래서 모르는 사람이랑 같이 자는 거 싫어해요. 친구들하고만 한방을 쓸 수 있고 가격도 저렴해서 좋아요." 하고 말하는 그녀는 도미토리가 없는 것이 오히려 다행이라고 했다. 깨끗하고 따뜻한 분위기가 마음에 들지만 화장실이 공용이라 조금 불편하다고.

호스트가 추천하는 *동네 맛집 & 카페*

아찌

price _ 통큰 회덮밥 5,000원. 알밥 5,000원
add _ 서울시 마포구 동교로 107번지 1층
tel _ 02-3144-3535
open & close _ 11:30~02:00

두 명의 매니저가 동시에 추천한 곳. 바로 맞은편 길 건너에 있다. 이자카야지만 식사 메뉴, 특히 회덮밥과 알밥이 유명하다.
싱싱한 회가 많이 들어있는 꽤 푸짐한 회덮밥과 몇 가지 깔끔한 반찬이 식욕을 돋웠다. 회덮밥 마니아인 나는 오천 원에 만족스럽게 한 끼를 해결하고 뿌듯했다.

에이 브릭

price _ 아메리카노 3,000원. 자몽에이드 6,000원.
         생맥주 3,500원
add _ 서울시 마포구 동교로 106
tel _ 02-3141-0079
web _ www.abrickcafe.com

호스트가 추천한 카페. 바로 옆옆 건물 지하에 있어서 오가며 들리기 딱 좋다. 친절하고 분위기도 좋다기에 잠깐 들리려다 선곡도 좋고 편안해서 오래 앉아 있었다. 특히 아무렇게나 골라 가져다 둔 것 같은 다양한 의자들이 좋았다. 스모킹존이 구분되어 있고, 스터디룸도 있다. 만화책만 빼곡하게 들어차 있는 멋진 책장도 있다.

크로스로드 백팩커스

즐기고 싶은 자 여기로 오라!

add _ 서울시 마포구 와우산로 29다길 11-1
tel _ 070-7532-1994
price _ 8인 여성 도미토리 18,000~25,000원
8인 믹스 도미토리 15,000~20,000원
2인 프라이빗 28,000원부터
4인 믹스 도미토리 22,000~25,000원
싱글, 트윈 37,000~65,000원
조식 제공, 와이파이, 공용 컴퓨터, 티셔츠 8,000원
in & out time _ 11AM
web _ www.crossroadkorea.com
subway _ 지하철 2호선 홍대역 8번 출구

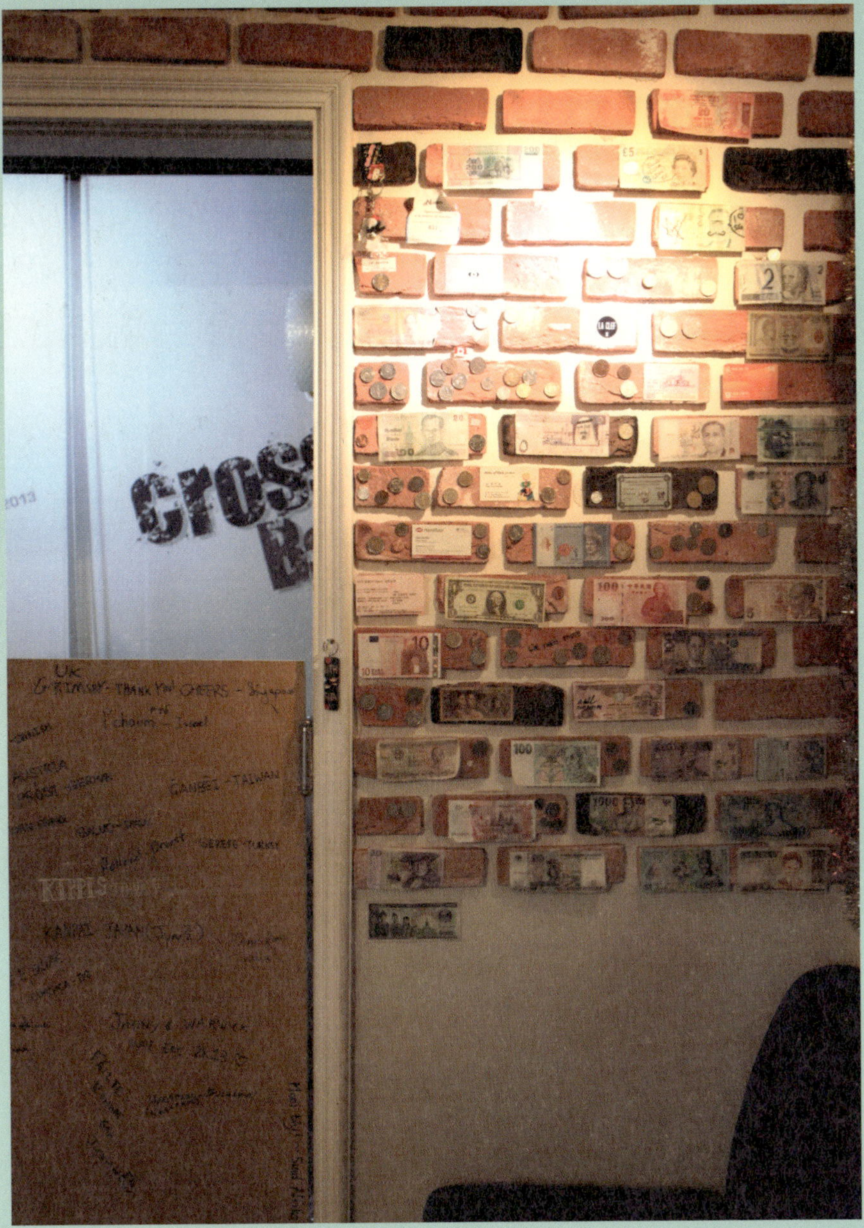

 여성 전용 파우더 룸! 여기처럼 완벽하게 분장실 같은 조명을 설치해놓은 곳은 없다. 화장솜과 면봉도 넉넉히 준비해 놓았고, 헤어드라이어와 고데기, 다리미와 다리미판까지 있다. 심지어 손을 씻을 수 있는 작은 세면대까지 달아놓은 세심함이라니! 여행지에 가거나 클럽에 가기 전에 큼지막한 거울 앞에서 꾸며보자.

게스트하우스에도 한류가 흐른다

크로스로드 백팩커스 대문 앞에는 게스트하우스 내부를 살짝 보여주는 스크린이 붙어있다. 범상치 않다. 이 안에 어떤 특별하고 재미있는 일이 벌어지고 있는데 궁금하지 않니? 들어와 볼래? 하고 말하는 느낌. 문을 여니 거실 한가운데 천정까지 가지를 뻗친 나무가 떡하니 자리잡고 있다. 뭘까, 이 이상한 예감은. 자크의 콩나무라도 자라는 걸까. 그런데 벽에 걸린 커다란 텔레비전 앞에 집중해서 앉아있는 한 무리의 사람들이 보였다. 그들은 주술에 걸린 듯 조용히 화면만 쳐다보고 있었다. 마치 종교 집회라도 벌이는 것처럼.

알고 보니 한국의 아이돌 스타를 찾아온 외국인 관광객들. 좋아하는 스타의 공연을 보거나, 얼굴을 직접 보고 싶어 서울까지 찾아왔다. 그들은 사생팬을 자처하며 종일 아이돌의 뒤를 쫓거나, 혹은 아무것도 하지 않고 이곳 거실의 TV 앞에서 뮤직비디오를 이어서 보거나 한국영화를 영어 자막으로 보고, 드라마의 본방사수를 위해 방송시간을 손꼽아 기다린다. 말로만 듣던 '한류 열풍'이 바로 생생하게 펼쳐지고 있는 것이다. 거실에서 베란다로 이어지는 유리문을 떼어내고 데스크를 세워 리셉션으로 꾸몄다. 사방은 여행자들의 흔적들로 메워져 빈 공간이 거의 없다. 세계 각국의 지폐나 동전들이 빽빽하게 붙어있었다. 신기해서 올려다보고 있으니 누군가 다가와 말을 걸었다.

"다들 자기 나라 지폐나 동전이 안 보이면 하나씩 붙이더라구요. 그래서 이렇게 됐어요." 호스트 최승국 씨였다. 한쪽 벽에 붙어있는 초대형 세계지도는 모두가 탐내는 아이템인데 원래 여자친구 주려고 제작했다가 여기 붙여놓은 거라고 한 마디 덧붙였다. 도배 빼고는 호스트들이 직접 다 했다는 인테리어가 수준급이었다. 원래 외국 학생들의 기숙사이던 이층집을 게스트하우스로 개조했다고 한다.

1 베란다를 리셉션으로 만들어 활용하고 있다.
2 깨끗하게 관리되고 있는 주방.
3 개인 조명과 커튼이 있어 사생활을 보호할 수 있다.
4 책을 볼 수도 있는 공용 공간.
5 여성 전용 화장실.

파티를 서비스하다

"더 나이 들기 전에, 같이 어울릴 수 있을 때 게스트하우스를 하고 싶었어요."

나도 나이가 들고 있는 것일까. 갑자기 먹먹해졌다. 온갖 사연을 갖고 게스트하우스를 열지만 이런 말을 하는 사람은 처음이었다. 호스트는 자신의 젊음을, 삶을, 사람들과 함께 부대끼며 즐기기 위한 공간을 만들었다. 그런 만큼 그들의 가장 중요한 하루 일과는 게스트들과 신나게 어울리는 것.

크로스로드 백팩커스에서는 그 어떤 게스트하우스보다도 다양한 행사와 파티가 벌어진다. 매주 수요일은 피자 파티, 금요일은 '불금(불타는 금요일)'을 위해 에너지 드링크를 준다. 날씨가 좋으면 옥상에서 바비큐 파티를 하거나 캠핑 장비를 올려놓고 영화를 보고, 겨울에는 신청자를 모아 스키장으로 향한다. 특별한 날은 특별한 파티를, 평범한 날은 평범한 파티를, 말 그대로 모이기만 하면 파티를 벌인다. 호스트의 말대로 파티가 뭐 별건가, 모여서 먹고 마시며 놀면 파티인 것이다. 그래서 언제나 떠들썩하다.

뭐든 사람들이랑 같이 하는 게 재미있다는 호스트 최승국 씨, 그래서 호스트가 해야 하는 중요한 일은 어울릴 수 있는 분위기를 만들어주는 것이라고. "자리만 만들어놓으면 친구가 되는 건 시간 문제이니까요." 하고 허허 웃는다. 그의 서비스는 성공적인 것 같았다. 여기선 혼자 온 사람도 금방 이야기하고 함께 밥을 먹으러 나가게 되는 신기한 마력을 경험하게 되니까.

할로윈을 즐기다

마침 내가 갔던 날은 할로윈 데이이자 주말이었다. 파티를 좋아하는 크로스로드가 절대 지나칠 리 없는 날. 며칠 전부터 게스트들에게 예고를 해서 의상을 준비하게 하고, 공간 곳곳을 할로윈 모드로 변신시켰다. 구석구석 거미줄이 둘

1 나무로 된 2층 침대는 철제 2층 침대보다 조용하게 지낼 수 있다.
2 대부분의 게스트가 탐내는 대형 세계지도. 여기에도 누군가 자석을 붙이기 시작했다.
3 싱글룸도 준비되어 있다.

| 홍대 | 크로스로드 백팩커스 | page 128 |

러쳐지고 불 켜진 호박등이 웃었다. 호스트도 낮부터 할로윈 의상에 공을 들였다. 자신이 먼저 미쳐야 게스트들도 즐겁게 미칠 수 있는 것이라면서.

숙박객들과 단골손님들까지 놀러 와서 시끌벅적한 시간을 보냈다. 분위기가 무르익자 홍대 앞 거리와 이태원까지 옮겨 밤늦도록 이어졌다. 다음날 넉다운이 되었을 호스트는 어제와 똑같은 에너지로 게스트들을 불러 모으더니, 미리 준비해 둔 호박으로 잭 오 랜턴 만들기 파티를 시작했다. 모두들 피곤한 기색이었지만 또 다시 재미있겠다는 표정으로 달려든다.

미국에서 온 여행자가 시범을 보이고, 호박에 밑그림을 그리고 속을 파낸 후 호박을 잘라낸다. 간단해 보이는 것과는 달리 꽤 오랜 시간 공을 들여야 하는 것이었다. 하나도 똑같지 않은, 각각 다른 표정이 할로윈 데이를 더욱 즐겁게 했다. 게스트하우스에서 이렇게 많은 사람들과 이야기를 나누고 스스럼없이 웃고 떠들었던 적은 없었다. 잠자는 시간 빼고는 누군가랑 무언가를 하고 있었다. 그런데도 누가 어디서 왔는지, 무엇을 하는 사람인지, 왜 왔는지 따위는 필요없다. 그저 같이 즐거우면 그만이었다.

조용한 휴식을 원한다면

독채처럼 분리된 1층은 2층의 시끌벅적함으로부터 멀어져 조용히 머물 수 있다. 여성 전용 공간도 따로 있다. 1층 현관을 열고 복도를 지나 또 한 번 비밀번호를 누르고 문을 열면 나타나는 독립된 공간. 그 안에는 여성들만 이용하는 트윈룸, 8인 도미토리, 화장실 겸 샤워실, 파우더룸 등이 있다. 홍대 앞에서 찾기 힘든 여성 전용 게스트하우스 대신, 여성 전용 공간을 이용해 보는 것도 좋을 듯.

1층에는 방 다섯 개에 화장실 겸 샤워실 두 개, 그리고 2층에는 방 세 개에 화장실 겸 샤워실 두 개로 도미토리와 싱글, 트윈룸 중 선택이 가능하다. 시기에

침대마다 라텍스 매트리스와 베개가 놓여있고 체크인 때 커버를 주어 깨끗하고 편안하다.

따라 할인이 적용되기도 해서 1년 내내 가격이 똑같진 않지만 기본적으로 저렴하다. 방마다 라텍스를 깔아놓은 2층 나무 침대가 있고, 개인 조명과 개인 커튼이 있어 사생활을 보호할 수 있다.

파티의 소음을 차단하기 위해 방문마다 방음 스펀지를 붙여놨는데, 인테리어 효과까지 1석 2조이다. 방마다 사물함도 있고, 디퓨저를 놓고, 방의 전체적인 조명을 낮추고, 개인 조명을 설치하는 등 세심하게 신경썼다. 체크인하면서 매트리스, 이불, 베개커버를 받아서 사용하고, 체크아웃할 때 빨래 바구니에 넣고 나간다. 원한다면 게스트하우스 이름이 쓰여 있는 흰색 반팔 티셔츠도 구입할 수 있다. 외국의 호스텔에서 많이 봤던 건데, 옷을 많이 가지고 다니지 않는 남성 여행자들이 많이 구입한다고.

+
Host & Guest Interview

호스트 **최승국**
귀여운 작당꾼

여행이 좋아 관광학을 전공하고 여행사에서 일했지만 뭔가 마음에 꽉 차지 않는 생활이었다. 어느 날 모든 걸 그만두고 훌쩍 떠나 호주와 태국을 돌아다녔다. 호스텔 문화가 발달한 나라들인 만큼 크고 작은 다양한 호스텔을 돌아다니며 일을 배웠다. 그 때의 경험이 지금 크로스로드 백팩커스를 운영하는데 밑거름이 되었다.
홍대 앞은 이미 게스트하우스가 너무 많지만 여전히 여행자들이 가장 좋아하고 가장 오고 싶어하는 곳이라 이곳에 게스트하우스를 열었다. 게다가 자신도 좋아하고 지리에 익숙해 손님들을 안내하기도 쉽다고. 단골집에 데려가서 맛있다는 반응을 보이면 신이 난다. 특별한 일정 없이 오는 여행자와 장기간 머무는 사람들도 많다.
소소한 이벤트가 많아 심심할 틈이 없으니 그럴만도 하다. 출퇴근도 없이 24시간의 대부분을 꼬박 여기서 지낸다. 하지만 사람들과 함께 즐기는 게 바로 그의 일이니, 일이 곧 즐거움이다. 그는 늘 무언가 귀여운 작당(?)을 한다.

호스트 **케네스**
그냥 재미난 일을 하고 싶었어요

여행사 신입사원 교육에서 만난 두 젊은이가 여행사를 그만두고 게스트하우스를 열게 된 이유. 여행을 좋아해서 여행사에 들어갔지만 여행사에서 일하는 것은 여행과 다르니까. 여행을 하는 것처럼 재미나게 일할 수 있는 유일한 일이 바로 게스트하우스라 생각했다. 전국 각지에서 혹은 수많은 나라에서 몰려오는 사람들을 만날 수 있다는 것이 가장 즐거운 점이다. 긴 시간 사전조사를 하고 준비를 했기 때문에 결심을 굳히자 석 달 만에 문을 열었다.
그는 "여기서 만난 것이 인연이 되어 다른 나라 어디에 가도 만날 사람이 생겼어요."
일본에 여행갔을 때는 일본인 친구들과 후지산에 같이 올랐다. 싱가폴에서는 세계 각국의 여행자들이 번개팅을 하듯이 함께 모여 여행을 다녔다. 서울에서 만난 인연으로 다른 나라에 모여서 같이 여행을 할 수 있다니, 상상만 해도 멋지다.
준비하는 과정이 TV프로그램 〈VJ특공대〉에 방송되는 바람에 많은 사람들이 창업에 대한 도움을 구하러온다고 한다. 그들의 이야기도 들어주고 방법을 찾아주는 등 즐겁게 도와주고 있다.

매니저 전선영
언어를 몰라도 마음을 열면 다 통해요

원래 게스트로 왔다가 일할 사람을 구한다는 말에 바로 지원했다. 주중에는 학교에 가고 금토일 3일 동안 스태프로 일해 온 게 벌써 여섯 달 째다.
주말에 친구들 만나서 노는 것보다 여기서 사람들과 어울리는 게 훨씬 재미있다는 그녀, "한국 여성분들은 낯가리고 방에만 있는 경우가 많은데, 어울리면 더 좋을 거예요."하고 당부한다. 비영어권 여행자들과 대화하는 게 조금 어렵지만, 마음을 열면 다 통한단다. 일하면서 친구들도 많이 생겼다. 곧 워킹홀리데이로 다른 나라에 갈 예정이지만 1년 뒤 돌아오면 다시 여기서 일하고 싶다고.

게스트 헤더(캐나다)
벌써 여섯 번째 체크인이야

할로윈 파티 때 송곳니를 입에 물고 방긋방긋 웃던, 캐나다 밴쿠버에서 온 헤더. 충북 음성의 한 초등학교에서 영어를 가르치고 있다. 한국에서 지낸 지 벌써 8개월째. 이젠 한국어도 조금 알아듣는다고 했다. 주말이나 방학에는 서울에서 지내기에 서울의 웬만한 게스트하우스는 다 섭렵했다. 하지만 크로스로드 백팩커스에 와서야 마침내 원하는 곳을 찾았다. 벌써 여섯 번째 체크인. 적어도 10개국 이상의 친구들을 만났다.
"내 페이스북은 여러 나라 친구들의 이야기로 가득해."라고 자랑하는 그녀, 언제나 파티가 열리는 이 곳이 정말 좋다고.

게스트 이승진
서울 구경 온 부산 사람

부산에서 태어나 외국에서 학교를 다녀 외국인 만큼이나 서울이 낯선 청년. '순수한 서울 여행자'로 외국인들이 어떤 생각으로 한국 여행을 오는지 궁금했는데, 여기 보름동안 머물면서 많이 알게 되었다.
"명동이랑 홍대클럽이 왜, 어떻게, 외국인들에게 인기있는 관광지가 되었는지 알게 되었어요. 우리가 보는 한국과, 그들이 보는 면은 다른 것 같아요."하고 말한다.

니킬(인도)
한국의 막걸리가 좋아

인도에서 태어나 런던에서 살고 있는 니킬. 주변 사람이 무슨 말만 하면 어떻게든 농담으로 바꿔서 웃게 만드는, 말하기 좋아하고 유머를 좋아하는 여행자. 늘 카드 마술을 보여주며 사람들과 어울렸다. 그의 카드 다루는 솜씨는 정말 놀라웠다.
"호텔은 너무 조용하고 사람들 만나기가 어렵거든." 그는 게스트하우스 예찬론자. 떠나기 전부터 게스트하우스 찾기에 많은 시간을 할애한다. 앞서 다녀온 사람들의 리뷰를 꼼꼼히 읽고 그들이 찍어놓은 사진도 찾아본다.
여기서 만난 한국인 친구들이 여기저기 데려가줬다며 "내가 어디에서 뭘 먹고 있는지는 거의 몰랐지만 재밌었어. 특히 막걸리가 인상적이었어."하고 크크거렸다. 홍콩처럼 동서양의 문화가 적절히 섞여있는 서울의 분위기가 마음에 든다.

요한(스웨덴)
한국에서 가장 좋은 건 한국 사람

금색과 갈색이 섞인 머리색에 큰 눈을 가진 요한은 여러 사람들 속에서도 눈에 확 띄었다. 3주 동안의 서울 여행이 거의 끝나가던 중인데 오늘 늦잠을 자서 DMZ에 가지 못했다며 아쉬워하고 있었다. DMZ는 가장 가보고 싶었던 곳이라고. 내일은 꼭 일찍 일어나서 가고야말겠다고 각오를 다졌다.
프로그래머로 일하지만 앞으로 뭘 하며 살아야 할지 고민을 안고 떠나온 여행이다.
"서울에 도착했을 때 택시 기사 아저씨들 여러 명이 한꺼번에 달려들어 자기 차에 타라고 해서 깜짝 놀랐어. 그게 첫인상이야." 아시아에 처음 온 건데 무서웠다고. 스웨덴보다 지저분한 거리에 사람도 많아 게스트하우스를 찾아 헤맸는데 한국 여성이 도와주었다.
"영어를 전혀 못하는데도 도와주려고 애쓰는 모습을 잊지 못할 것 같아."하고 말한 뒤, '한국에서 가장 좋은 건 한국사람'이라고 강조했다. 부산에 다녀왔고, 여기서 만난 한국인 친구들과 서울 구석구석 함께 다녔다. 내년 여름에는 제주도에 가고 싶다고. 물론 이 게스트하우스에도 다시 올 예정. 숙박료에 아침식사가 포함되어 있음에도 늘 늦잠을 자서 한 번도 못 먹었다는 요한. 집에 가기 전엔 아침을 먹었을까?

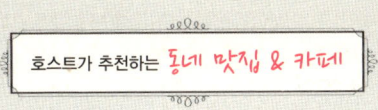

JOEY'S BRUNCH CAFE

런던이 그리운 사람들은 이곳에 가보기를. 실내에 런던의 상징 2층 버스와 버스 노선도가 그려져 있다. 연어크림 샌드위치는 넉넉한 크기의 빵에 실하게 큼직한 연어와 치즈 등이 푸짐하다. 샌드위치를 먹으면 금방 배가 꺼지기 마련인데 이걸 먹고나선 두고두고 배가 부르다.
샌드위치를 주문하면 아메리카노나 아이스티를 주고, 파스타를 주문하고 2,000원을 내면 다른 음료를 추가할 수 있다. 파스타와 스프도 많이 찾는 메뉴다.

price _ 연어와 필라델피아 크림치즈 샌드위치 12,800원, 데리야끼 치킨 샌드위치 10,800원, 조이스 스프 9,900원, 해산물 크림 파스타 13,000원
add _ 서울시 마포구 와우산로 27길 38
tel _ 02-324-0214
open & close _ 11:00~23:00

마이 홍대 게스트하우스

나눔에 동참하는 체험형 숙소

add _ 서울시 마포구 동교로 38길 26-8
tel _ 070-8870-8557
price _ 4인 도미토리 25,000원, 더블룸 65,000원,
싱글룸 55,000원, 조식 제공, 와이파이, 공용 컴퓨터,
옥상 이용 가능, 세탁 무료, 주차 2대, 짐 보관,
한류 콘텐츠룸 이용 가능
in & out time _ 1PM, 3PM
web _ myhongdae.com
subway _ 지하철 2호선 홍대입구역 3번 출구

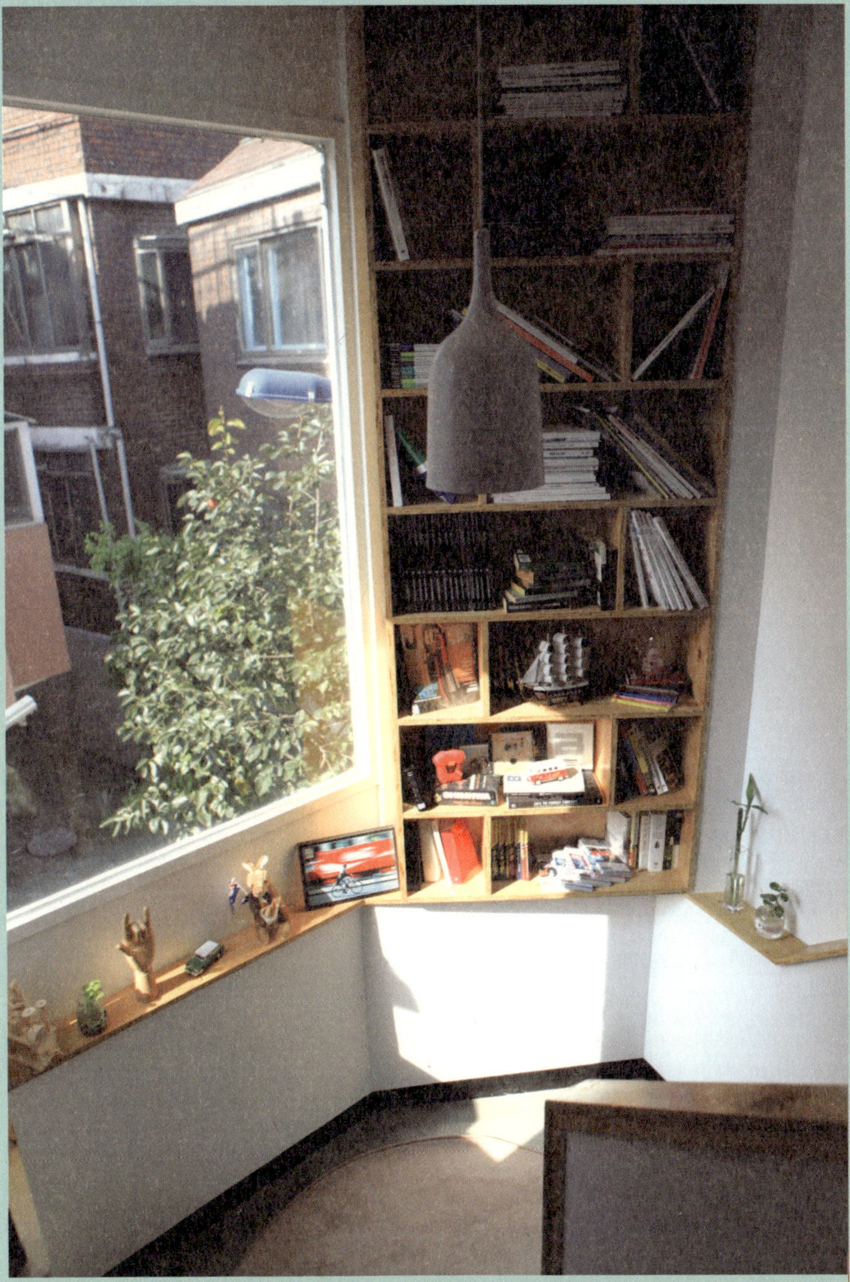

CHECK

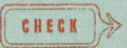

홈페이지에서 예약할 경우 5박 예약 + 1박 무료 프로모션이 있다(성수기 시즌 제외). 다른 예약사이트를 이용할 경우엔 적용되지 않는다.

Feel Culture, Love Traveler, Share Space

특별한 발상으로 주목 받는 게스트하우스가 있다. 외국인 여행자가 좀 더 적극적으로 한국의 문화를 체험할 수 있는 '문화체험형 게스트하우스'. 호스트 김수찬 대표는 바로 이 아이디어로 문화체육관광부와 한국관광공사가 주최한 '제3회 창조관광공모전' 예비창업자 부문에서 대상을 수상했다. 창업자금의 절반 가까이를 상금으로 마련한 것이다.

그가 제안한 문화체험형 게스트하우스는 여행자에게 필수적인 '공간'을 기반으로(Love Traveler), 한국의 문화콘텐츠를 접하는 기회를 제공하고(Feel Culture), 기부(1박=1달러)를 유도해 참여가치를 공유하는(Share Space) 것이다. 대표적인 프로그램은 '한국문화체험 데이'이다. 3층 옥상은 공연과 강연을 위한 소규모 야외공연장으로 꾸며 인디밴드의 공연을 하기도 하고, 숙박객으로 온 프랑스 가수가 한복을 입고 국악기에 도전하기도 했다.

다양한 사람들을 초청해 강연과 토론을 하기도 하고, 한국음악의 밤, 파전·막걸리 데이 같은 이벤트가 종종 열린다. 한류에 열광하는 외국인 손님들을 위해 텔레비전 오디션 프로그램의 방청권을 힘들게 구해 함께 생방송 현장에 간 적도 있다.

또 하나의 프로그램은 '나눔'의 가치를 공유하기 위해 하나의 공간을 다양하고 의미있게 활용하는 '공간 공유 프로젝트(Share Space)'다. '나눔'은 마이 홍대의 특별한 정체성이다. '1박당 1달러' 적립으로 문화적으로 소외된 이들에게 무료로 숙소를 제공하고 서울의 다양한 문화를 체험할 수 있는 기회를 주는데 쓴다. 얼마 전 소록도 분교 학생들을 초대해 2박 3일 동안 고궁, 박물관과 방송국 등을 함께 둘러보았다. 김수찬 대표는 "아이들이 이층 침대에서 처음 자봤다며 신기해했어요. 같이 머물던 외국인이랑도 처음엔 낯설어 하더니 나중엔 같이

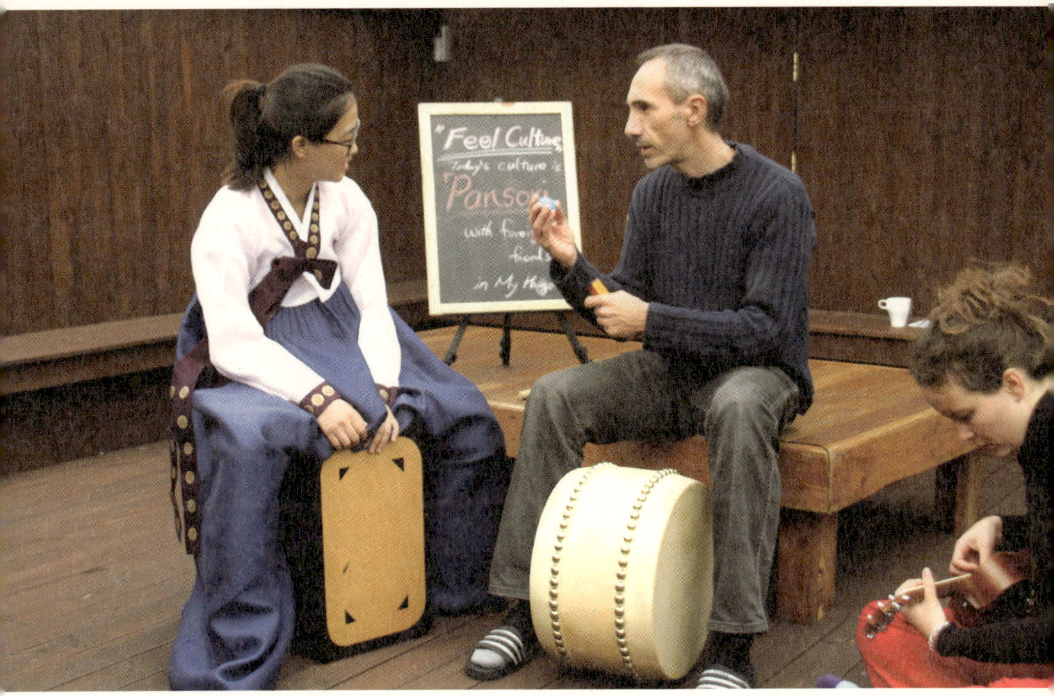

서로 악기를 바꿔서 가르쳐주는 모습이 인상적이다.

1 즐거운 표정의 아이리스.
2 2박 3일을 지내고 간 소록도 분교 아이들.
3 막걸리를 좋아하는 독일인 안드레아스.

| 홍대 | | 마이 홍대 게스트하우스 |

1 메모를 남기는 사람도 있고 사진이나 그림을 붙이는 사람도 있다.
2 24시간 이용할 수 있는 주방.
3 아침 식사.
4 여행자들의 공간에 잘 어울리는 인테리어.

New York

Paris

Bangkok

Seoul

장난도 치고요."하고 즐거워했다. 숙박객들도 의미있는 일에 동참하는 것을 좋아한다고 했다.

세계여행, 그 특별한 이야기가 있는 공간

　마이 홍대 게스트하우스는 연남동 맛집 골목 주변에 있다. 홍대의 복잡하고 시끄러운 분위기에서 살짝 떨어져 지내고 싶다면 이쪽으로 숙소를 잡으면 좋을 것 같다. 마이 홍대는 그 중에서도 건물 벽면을 페인트로 덮은 큼직한 사인으로 눈길을 끈다.

　내부 인테리어는 더욱 인상적이었다. 원목과 화이트 철제 프레임의 조화는 심플하면서도 감각적이었다. 조현진 건축가와 이상혁 디자이너의 재능 기부로 완성된 것이라고 한다. 심플 인테리어를 채워주는 것은 장기간 세계여행을 한 호스트 김수찬 씨가 세계 곳곳에서 가져온 항공권, 기한 끝난 여권, 지도, 관광 브로슈어들. 진짜 여행자의 손때를 탄 소품들은 온갖 시간과 공간을 탐험하고 온 것들이라 존재감이 다르다. 그것은 가만히 놓여있어도 이상한 생명력을 발휘하는 듯 했다.

　그는 이 곳을 오픈하기 전 아홉 달 동안 세계여행을 했다. 한국의 비빔밥을 세계에 알리자는 취지로 기획된, '비빔밥 프로젝트'라는 특이한 여행이었다. 그 여행으로 한국 문화를 해외에 알리는 것에 관심이 많아졌고, 방법을 모색하다 창업으로까지 이어진 것이다.

　도미토리룸은 4인실 이하만 운영한다. 이층 철제 침대는 폭이 넓어서 여유 있게 잘 수 있다. 아래층 침대를 바닥에 붙여 아래층 위층 모두 앉을 때 머리가 천장에 닿지 않게 배려하였다. 트윈룸은 공간이 넓어 소파에서 쉴 수도 있다. 싱글룸은 구조가 매우 독특하니 직접 경험해보기를. 김수찬 대표가 게스트하우스를 준비하며 가장 신경 썼던 것 중에 하나는 음향시설. 여행지의 문화와 정서를 느끼는 데에는 음악이 큰 영향을 미친다고 생각해 훌륭한 수준의 음향시설에 투자했다. 여행자의 취향에 맞춰 노래를 선곡하기도 하는데, 외국인들이 얼마나 케이팝을 좋아하는지 알게 되었다고 한다. 마이 홍대가 좋은 또 하나는 조식 시간이 따로 없어 배고프면 토스트와 시리얼을 아무 때나 먹을 수 있다는 것이다.

마이 홍대에서 2분만 걸으면 연남동 맛집 골목이다. 최근 이 골목과 동진시장 안쪽까지 변화가 빠르다. 유명세를 탄 카페부터 이제 막 인테리어를 시작해 궁금증을 불러일으키는 곳까지 다양하다. 맛뿐만 아니라 분위기나 스타일 따져가며 밥을 먹고 커피를 마시고 해가 지면 술 한 잔까지 할 수 있는 동네. 하루 종일 시간을 보낼 수도 있다. 나는 마이 홍대와 맛집 골목 입구 중간쯤에 있는 '피노키오'라는 동네 책방을 좋아한다. 이번에 마이 홍대에 묵으면서 서점에서 꽤 오랜 시간 머무를 수 있었다. 국내 유일의 그래픽 노블 서점을 표방하는 곳이니만큼 귀한 그림책이 많다.

게스트하우스에 돌아오니 김수찬 대표가 땀을 뻘뻘 흘리고 있다. 비행기 시간이 급한 여행자를 도와 커다란 캐리어를 들고 지하철역까지 뛰어갔다 왔다고 했다. 마이 홍대가 시끄러워지는 저녁 시간, 3주째 머무르고 있는 프랑스에서 온 팝밴드 일행이 중국인 예술가와 인디가수를 초대해서 서로 인사를 나누었다. 한국 사람이지만 브라질에서 태어나고 자란 학생은 생생한 브라질 월드컵 이야기로 분위기를 달궜다. 일본인이지만 한국어를 곧잘 하는 여학생은 '오빠'라는 말로 김수찬 대표를 즐겁게 했다.

마이 홍대는 작은 공간이지만 늘 이국의 여행자들이 실어온 여행의 냄새로 마음이 설레게 되는 곳, 다양하고 의미 있는 이벤트로 즐거운 곳이다.

1 비행기를 타고 어디론가 떠나는 꿈을 꿀 것만 같은 싱글룸.
2 더블룸은 해가 잘 드는 곳에 소파를 놓았다.
3 방마다 화장대가 비치되어 있다.
4 친구와 함께 오는 게스트들에게 인기 좋은 방.
5 허리를 펴고 앉을 수 있을 정도로 침대 위아래 간격이 넓다.
6 현관에 써 있는 문구.

+
Host & Guest Interview

호스트 김수찬
꿈을 현실로 만들어낸 영화 같은 이야기의 주인공

수찬 씨(30세)의 첫 여행지는 제주도였다. ROTC 제대 뒤 도보로 제주도를 여행했다. 그 때 '트랙터 여행가 강기태' 씨를 만났다. 농촌을 알리기 위해 트랙터를 타고 세계일주를 한다는 그의 말에 큰 감명을 받았다고 한다. 동계 올림픽 유치를 기원하기 위해 쇼트트랙 옷을 입고 여행을 하는 여행자도 만났다. 그들을 통해 의미 있고 특별한 여행을 스스로 기획하기 시작했고, 2011년 '비빔밥 알리기 세계일주팀'에 합류했다. 그리고 9개월간 4개 대륙을 돌며 백 번의 시식회를 열고 9천여 명을 만났다.

"전 세계 사람들에게 밥을 해 먹이면서 우리나라 음식이나 문화를 좋아하는 걸 직접 눈으로 보니까 가능성이 보이는 거예요. 그래서 바로 관련 사업을 구상하기 시작했어요."

그는 진정 열혈청년이다. 한국관광공사가 주최하는 '창조 관광 사업 공모전'에서 대상을 받았다. 그때 받은 상금 약 5천만 원으로 게스트하우스 리모델링을 하고 지인들의 재능기부로 로고를 만들었다. 꿈을 현실로 만들어낸, 그야말로 영화 같은 이야기였다. 그는 진심으로 여행자를 보살피는 것에 보람을 느낀다고 했다. 게스트하우스 곳곳에 볼거리 읽을거리를 챙겨두며 투숙객들이 심심하지 않게 신경을 쓴다. 공간공유 프로젝트는 여유공간에 두루두루 초대해서 공간을 함께 쓰고 문화체험의 기회를 가지면 좋겠다는 생각에서 시작되었다. 언론에 소개되면서 많은 응원과 격려를 받았다. 그의 따뜻한 생각과 청년다운 도전정신에 응원을 보낸다. 화이팅!

게스트 피에르 & 필립 (프랑스)
서울은 멀티 하드 시티

머리에서 발끝까지 패션에 죽고 패션에 사는 파리지앵인 피에르와 필립.
"서울은 가격대별로 정말 다양하게 쇼핑을 할 수 있어. 디자인과 품질까지 좋아서 대만족이야."
프랑스의 팝 밴드 'peppermoon'의 프로듀서 겸 작곡가 피에르와 드러머 필립은 벌써 세 번째 서울을 찾았다. 올 때마다 숙소는 늘 게스트하우스였다. 벌써 3주째 마이 홍대에서 머물고 있다. 조용한 주택가여서 좋고, 주변에 맛있는 곳이 많아 좋다고 했다.
나를 보자마자 "옥상에 올라가봤니?"하고 물었다. 낮에도 밤에도 분위기가 '원더풀'하다면서 내일 밤엔 자신들의 작은 공연도 있다고 했다. 그들은 서울에 대해 좋은 '멀티 하드 시티'라고 표현했다. 그리고 커뮤니케이션 속도에 대해 감탄했다고 했다. "한국은 사람들이랑 소통하기 쉬운 것 같아. 연락도 빨리 잘 되고 말이야. 주변 다른 나라들도 가봤지만 서울이 최고야."하고 엄지를 치켜들었다. 하지만 서울의 베스트 오브 베스트는 가을 하늘이라고. 서울의 가을은 파리의 가을보다 더 맑고 따뜻하다고 "feel good!"하며 웃는다.

게스트 술라이만(시리아)
시리아도 남북한도 어서 하나가 되었으면

시리아인으로 사우디에서 나고 자란 술라이만. 다른 나라에서 같이 공부했던 한국인 친구를 만나러 왔다가 쇼핑과 관광에 몰두하고 있다고. 큰 방을 혼자 차지하고 있었는데 원래 정리를 잘 못한다는 그가 "미안해. 근데 이게 나야."하면서 잠깐 보여준 방은 그야말로 난장판. 그는 내가 번 돈은 대부분 쇼핑으로 다 사라져, 하고 고백했다. 엄청난 쇼핑백으로 가득찬 방은 처음 보았다.
"오늘 특별한 일이 있었어. DMZ 투어 버스에서 이스라엘에서 온 사람을 만났어. 당황했지만 나는 시리아 사람이라고 말하고 인사를 했어. 우리는 모두 다 친구가 될 수 있지만 정부에서 친구가 될 수 없게 만드는 것 같아. 이스라엘 사람과 계속 이야기를 나누었어. 서울에 오지 않았다면 그런 경험은 할 수 없었을 거야."
아마 우리가 외국에서 북한사람을 만난다면 이런 느낌이지 않을까.

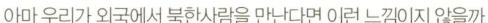

호스트가 추천하는 *동네 맛집 & 카페*

연남동 돼지구이 백반집

연남동 기사식당 골목에 위치한 20년 전통의 3대 맛집. 끊임없이 손님들이 들어와 자리를 채웠다. 둘이 가면 고기정식+김치찌개를 많이 먹는다는 호스트의 추천에 그렇게 먹었다.
무한 제공되는 반찬이 아주 맛있다. 반찬은 따로 팔기도 하는데, 다음엔 된장찌개와 반찬 비빔밥을 먹어봐야겠다.

price _ 돼지구이 백반 7,000원, 김치, 된장찌개 6,000원,
         고기추가 5,000원, 밥 추가 1,000원
add _ 서울시 마포구 연남동 260-28 수림빌딩(동교로 240)
tel _ 02-333-9921
open & close _ 08:00~23:00

[홍대]   [메이 게스트하우스]   [page 146]

메이 게스트하우스

커피와 와플이 있는 게스트하우스

add _ 서울시 마포구 와우산로 10길 14
tel _ 070-4671-0555
price _ 싱글룸 60,000원, 더블룸 80,000원,
       도미토리 25,000원, 1인 추가 시 15,000원
       조식제공, 여성 파우더룸, 와이파이, 공용 컴퓨터
in & out time _ 3PM, 10AM
web _ www.mayguesthouse.com
subway _ 지하철 6호선 상수역 2번 출구

사물함과 작은 바구니, 전신 거울 등 필요한 것들이 깔끔하게 놓여있다.

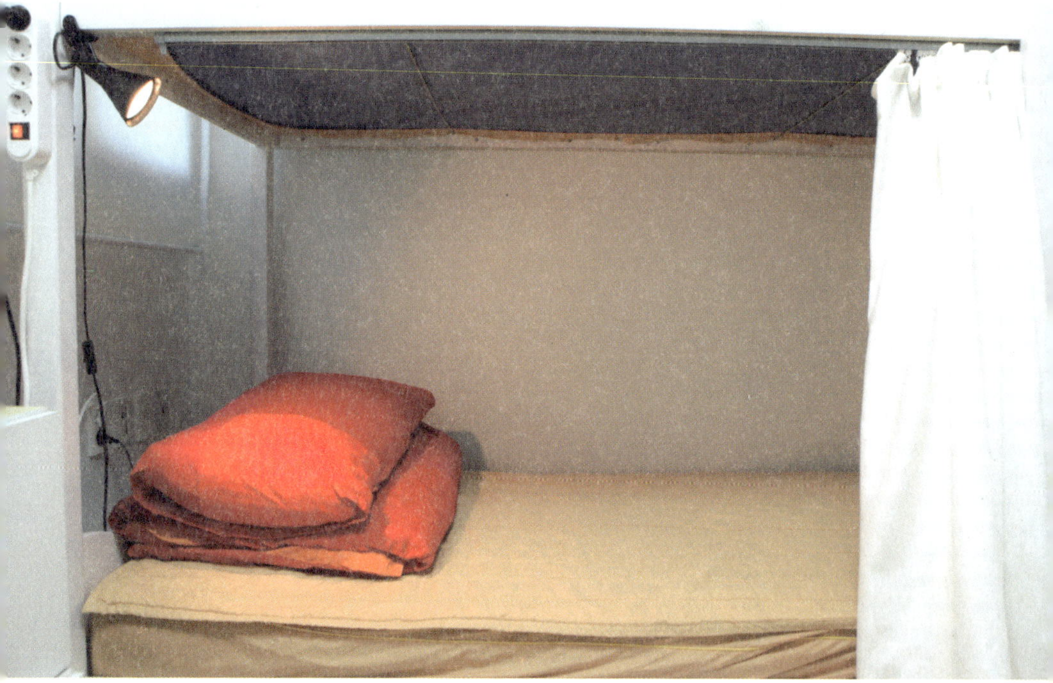

매일 침구를 교체하기 때문에 세탁기 여러 대가 24시간 돌아간다.

소문난 집을 버리고 새집을 오픈하다

게스트하우스가 많은 동네에서 게스트하우스 선택법은? 그냥 감을 따른다. 아무 이유 없이 끌리는 곳이 있다. 메이 게스트하우스가 그랬다.

합정역 카페거리에 있던 유명한 게스트하우스인데 최근 상수역 근처로 이사했다. 상수역 2번 출구에서 도보 2분이면 갈 수 있어서 찾아가기 훨씬 쉬워졌다. 좁은 골목 안쪽에 숨어있지만 골목 초입에 걸려있는 노란색의 간판이 금방 눈에 띈다. 나무 데크가 깔린 길을 지나니 하얀색 현관문이 모습을 드러냈다.

문을 열고 들어서니 스태프가 막 청소를 하고 있는 참이었다. 침구 커버를 빼서 세탁기에 넣고 분주하게 청소기를 돌린다. 올리브색의 거실은 따뜻한 느낌이고 주방은 신혼살림을 꾸며놓은 듯 아기자기하다. 이 주방은 종종 요리 프로그램의 촬영 장소로도 쓰인다고 한다.

호스트인 부부는 얼마 전 아기가 태어나 가장 바쁜 시기를 보내고 있는 중이라고 했다. 합정역 게스트하우스가 워낙 입소문이 난데다 집에 대한 아쉬움이 커서 옮기는 것이 쉽지 않았지만 계약 기간이 끝나자마자 과감히 이사를 결심했다. 적당한 집을 찾아낸 뒤에는 그동안 마음먹었던 것들을 실현했다.

우선 화장실과 샤워실을 분리하고 여성 파우더룸을 만들었다. 친환경 소재의 바닥을 까느라 공사비용이 추가 되었지만 결과는 만족스러웠다. 이전 집과 규모는 비슷하지만 숙박객들의 의견을 받아들여 싱글룸을 늘리고 도미토리를 줄였다.

4인 도미토리룸은 1층과 2층에 각각 한 개씩인데 층마다 화장실이 두 개라서 붐비지 않고 이용할 수 있다. 3층에는 여러 개의 샤워시설이 한 공간에 모여 있다. 여성용은 문을 열고 들어가자마자 파우더룸이 있고, 세 개의 샤워시설이 각각 독립된 공간으로 존재한다.

이 집은 구조상 긴 복도를 사이에 두고 방들이 마주하고 있었다. 내 옆방엔 한국에서 취업하기 위해 인터뷰 온 미국인이 묵고, 건넌방엔 매주 대학원 수업 때문에 지방에서 올라오는 사람이, 그 옆방에는 전국을 여행 중이라는 남아공 사람이 있었다. 도미토리는 여행자들로 꽉 찼고 위층 싱글룸에는 출장 와 있는 사람도 있었다. 어쩌면 이렇게 다양한 목적으로 한집에 묵고 있는지 사람 구경만으로도 재미있다. 비수기에도 국내외 단골손님들 때문에 방이 비는 날은 없다고 한다. 지난 연말엔 일본에서 자주 오던 손님이 연락도 없이 갑자기 찾아왔다. 당연히 빈 방은 없었는데 마음 좋은 매니저가 자신의 방을 내줘서 머물고 갔던 적도 있다고.

드립커피와 수제와플을 즐겨라

호스트 정혜리 씨의 친구인 매니저 김진민 씨. 커피를 좋아해서 카페를 방불케 할 만큼 다양한 커피와 차를 구비해놓았다. 직접 원두를 갈아서 커피를 내려주는데 맛도 좋고 분위기도 좋다. 김진민 씨는 호스트 부부를 대신해 사람들을 챙긴다. 손재주가 좋은 그는 오래 머물러 친해진 손님들에게 부채에 붓글씨를 써서 주거나 도장을 만들어 주기도 한다. 특히 외국인들은 한글로 이름을 새겨주면 좋아한다고.

아침에 일어나서 식탁에 앉는 순간, 주방에 감도는 달콤한 냄새가 나를 흥분시킨다. 매니저가 즉석에서 와플을 구워준 것. 향긋한 커피와 함께 말이다. 이것이 게스트하우스에서만 맛볼 수 있는 맛있는 아침이다.

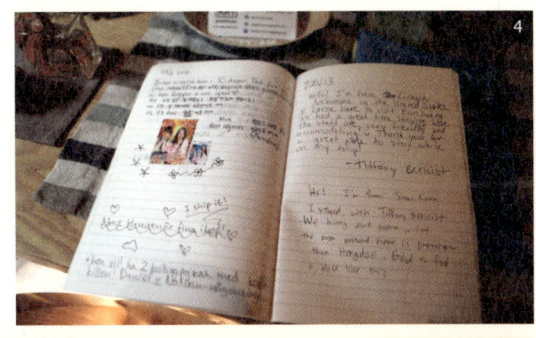
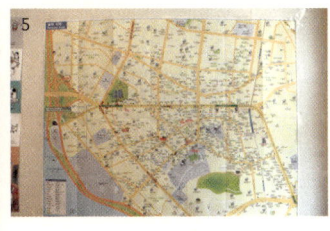

1 요리 프로그램 촬영 장소로도 쓰이는 주방. 단골들이 선물로 사 온 소품들도 있다.
2 건축과 학생도 마음에 들어했던 1층 화장실.
3 여성 전용 샤워실 앞에 마련된 파우더룸.
4 많은 사람들이 이곳을 마음에 들어하며 방명록을 남긴다.
5 홍대 정밀 지도.
6 대부분의 주방용품은 호스트의 신혼 살림 그대로이다.

Host & Guest Guest Interview

호스트 정혜리

여행자를 맞이하는 기분 좋은 직업

메이 게스트하우스의 안주인 정혜리 씨(33세)는 결혼 다섯 달 만에 회사를 그만두고 게스트하우스를 시작했다. 집안 살림에 서툰 '새댁'이 진짜 살림꾼이 된 건 게스트하우스를 운영하면서부터라고. 24시간 돌아가는 세탁기, 자리를 비우기 힘들어 꿈도 못 꾸는 휴가, 늘 울려대는 두 대의 휴대폰…. 집을 유지 보수 하는 것 외에도 신경 쓸 일이 한두 가지가 아니다. 하지만 사람들을 만날 수 있다는 것이 이 모두를 기꺼이 즐겁게 해준다고. 여행 중의 들뜬 마음이 전해지면 그녀도 기분이 좋아진다고. 손님과 주인장이 항상 서로에게서 좋은 기운을 주고받는다는 것은 다른 서비스업과 가장 다른 점이다. 그래서인지 그녀의 얼굴은 참 밝았다.

게스트 안지은

소설 속의 주인공처럼

메이 게스트하우스에서 석 달째 살고(?) 있는 안지은 씨(26세). 지방에서 취업 준비를 하러 서울에 왔다가 이 집에 머물게 되었다. "예쁜 동네, 재미있는 집에서 살아보는 건 지금이 아니면 안 될 것 같았어요."하고 그녀가 웃었다. 애초에는 집을 구하기 전까지만 있을 예정이었지만 지내다보니 집 구하는 계획은 어느새 사라지고 없었다. 이곳에서 다양한 사람들을 만나고 외국 친구들을 사귀면서 자신의 미래에 대해서도 새로운 비전을 갖게 되었다. 그녀는 "좀 더 즐겁게 사는 것에 대해 고민하게 되었어요. 여기에 있으니 소설 속 주인공이 된 것 같아요."라며 해맑게 웃었다.

게스트 양정기와 그 일당들

친구들과 우정여행 왔어요

유학 가는 친구랑 '우정여행'을 왔다는 부산소년 다섯 명. 놀이동산을 다녀와서 배가 고픈데 주문한 치킨이 오지 않는다며, 서울은 원래 이렇게 늦느냐며 투덜투덜댄다. 초등학교 1학년 때 시작된 우정이 이제 고3, 벌써 12년 지기들이다. 수능이나 자격증 시험을 준비하는 친구도 있고, 이미 검정고시를 본 친구도 있다. 학교도 다르고 진로도 다르지만 늘 모여서 같이 시간을 보낸다. 친구잖아요. 진짜 친구는 그냥 편하거든요, 라면서.
"블로그 후기를 보고 왔는데 진짜 편하게 대해주시는 거 같아요."하고, 게스트하우스가 원래 이런 곳이냐며 눈을 동그랗게 뜬다.

호스트가 추천하는 **동네 맛집 & 카페**

구스토 타코

price _ 타코 6,000~7,500원
        퀘사디아 7,800~8,900원. 나초 9,000원
add _ 서울시 마포구 와우산로 41
tel _ 02-338-8226
open & close _ 11:00~23:00

뉴욕에서 만난 미국 남자와 한국 여자가 결혼을 하고 서울에서 함께 만든 곳. 서교초등학교 뒤에 있는 1호점은 늘 사람이 많아 상수역 앞의 2호점을 보고 무척 반가웠다. 한국 멕시칸 레스토랑 중 최고라 평가받는데 정말이지 너무 맛있다. 나날이 인기가 높아져서 앞으로 몇 군데 더 생길 예정이라고 한다.

Espresso room

price _ 아메리카노 4,000원. 카푸치노 4,500원.
        에스프레소 4,000원
add _ 서울시 마포구 마포구 독막로 3길 24-9
tel _ 070-8269-1429
open & close _ 11:00~24:00

매니저가 추천해준 커피숍. 커피에 안목이 깊은 그녀의 추천이라 믿고 갔다.
훈남들이 운영하는 이 카페는 특히 젊은 여성들에게 인기가 많다. 물론 커피도 맛있다. 근래 들어 마신 커피 중에 최고였다.
아메리카노와 에스프레소 최고!

또문 다락방

여성 전용 게스트하우스이자 환경보호를 실천하는 곳이다. 비누를 만들어 쓴다거나 잼을 만들어 먹고 채식 위주의 아침 식사를 하기도 한다.

낮에는 출판사, 밤에는 게스트하우스가 되는 이곳은 여행 전문가가 운영하는 흥미진진한 곳으로 여행서도 많다. 주말 오전엔 산책 프로그램이 있고, 단골손님 혹은 친구들과 한 달에 한 번 일요일에 텃밭에서 도시락을 나눠 먹는 '텃밭또문'이라는 소소한 이벤트도 있다.

add _ 서울시 마포구 동교동 와우산로 174-5 대재빌라 302호
tel _ 010-8682-2198
price _ 도미토리 25,000원, 개인실(1인) 50,000원, 개인실(2인) 70,000원, 개인실(3인) 85,000원, 개인실(4인) 100,000원, 다락방(4인기준) 120,000원, 디지털 도어락, 개인사물함, 취사가능, WIFI, 노트북, 스팀다리미, 탈수기, 치약, 비누, 수건 제공, 조식 제공(채식식빵, 두부크림치즈, 과일, 두유 등)
in & out time _ 3PM, 11AM
web _ cafe.naver.com/sleepingstrawberry

시스 앤 브로 게스트하우스

스타일리시한 인테리어가 매력적이다. 방마다 인상적인 인테리어가 돋보이고 공용 공간도 멋스럽다. 도미토리는 없고 일행이 함께 지내기 적당한 방이 여러 개인데 트윈룸을 제외한 모든 방에 개별 욕실이 있다. 부산 숨게스트하우스와 같이 이용하면 할인해 준다.

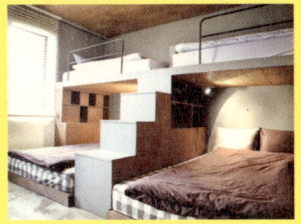

add_ 서울시 마포구 연남동 566-62번지
tel _ 02-335-6788
price _ 트윈룸 70,000~80,000원(2인), 디럭스 더블룸 80,000~90,000원(2인), 트리플룸 90,000~100,000원(3인), 스위트 A 120,000~130,000원(4인 기준. 3인 숙박시 20,000원 할인), 스위트 B 180,000~190,000원(6인 기준. 5인 숙박시 20,000원 할인), 조식 제공, 도어락, 취사가능, 세탁 무료, 공용 pc, WIFI, 짐 보관, 수건, 열쇠 지급
in & out time _ 3PM, 11AM
web _ www.sisnbrohostel.com

HATO 게스트하우스

연남동에서 인기 상승 중인 게스트하우스다. 방마다 샤워시설이 있고 오는 사람마다 깨끗하다고 칭찬한다. 2층 철제 침대와 일반 침대를 섞어서 배치해서 덜 답답하다.
전망 좋은 옥상 포토존에서 기념사진을 찍어도 좋겠다. 패밀리룸은 사용하는 인원에 따라 가격이 다르므로 예약할 때 확인하자.

add _ 서울시 마포구 연희로 1길 63
tel _ 010-6429-3201
price _ 패밀리룸 60,000~100,000원(1~4인 기준)
　　　　도미토리 20,000원
　　　　수건 제공, wifi, 간단 조식 제공, 공용 pc, 락커 이용 가능, 짐 보관
in & out time _ 2PM, 11AM
web _ www.hato.co.kr

B guesthouse

퓨전 한옥 느낌의 게스트하우스. 마루바닥에 침대를 놓고 나무 창살 사이로 네온사인이 반짝이는 독특한 분위기가 연출된다. cctv와 도어락으로 보안에 신경썼다. 파우더룸이 있고 개인 슬리퍼를 제공한다. 깔끔하고 든든한 조식을 먹을 수 있다.

add _ 서울시 마포구 와우산로 17길 19-9
tel _ 02-324-5223
price _ 도미토리 20,000~25,000원, 싱글 40,000~50,000원, 트윈 56,000~70,000원, 패밀리 70,000~100,000원
조식제공, wifi, 공용pc 2, 세탁 1,000원, 짐 보관, 목욕용품 및 수건 제공, 개인락커, 도어락
in & out time _ 3PM, 11AM
web _ bguesthouse.com/ko

V mansion

근사한 마당이 있는 게스트하우스. 숙박객 중에는 여행자도 있고 음악이나 글을 쓰는 예술가들도 있는데 서로 자연스럽게 어울리고 동네 사람들이 놀러오기도 한다.
플리마켓이나 연주회 등 재미난 이벤트가 열리고, 워크숍이나 모임을 위한 공간 대여도 가능하다. 짜맞춘 나무 침대와 핸드메이드 침구나 커튼이 편안하다. 방의 종류가 다르고 분위기도 조금씩 달라 한번씩 다 머물고 싶어진다.

add _ 서울시 마포구 상수동 262-2
tel _ 070-8877-0608
price _ 1968도미토리 28,000원(1인 기준 금액. 5인 정원)
1979룸 70,000원. 1~2인 기준(공용 화장실 + 샤워실)
1984룸 80,000원. 1~2인 기준(전용 화장실 + 샤워실)
2012룸 28,000원(1인 기준 금액. 4인 여성 도미토리 or 4인 한꺼번에 빌릴 경우 남자도 가능. 샤워실)
2030룸 120,000~180,000원(1~5인까지. 패밀리룸 + 전용 화장실+샤워실)
WIFI, 조식 제공, 헤어드라이어, 수건제공, 디지털 도어락
in & out time _ 3PM, 11AM
web _ vmansion.com

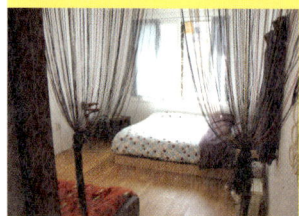

Uwa 게스트하우스

태국에서 게스트하우스를 운영한 노하우를 살려 새롭게 문을 연 곳이다. 연남동 파출소에 인접해 있어 안전할 뿐더러 지하철역에서 가까워 찾기 쉽다. 여성전용 도미토리룸, 샤워실 및 화장실이 따로 있고 즐겁게 지내는 분위기다. 새롭고 재미난 걸 좋아하는 사람들에게 추천한다.

add _ 서울시 마포구 동교동 월드컵북로6길 96
tel _ 02-326-0706 . 070-4410-0706
price _ 10인 도미토리 20,000원,
　　　6 or 8 인 도미토리 23,000원
　　　4인 도미토리 25,000원, 더블룸 55,000원
　　　패밀리룸 100,000원 (4인 기준)
in & out time _ 1PM, 11AM
web _ www.uwaguesthouse.com

[도심 & 강남] CUbnb 게스트하우스 page 160

CUbnb 게스트하우스

친구집 같은 가정식 게스트하우스

add _ 서울시 종로구 동숭2길 20
tel _ 02-333-5784
price _ 더블룸 42,000~64,000원 (1~3인 기준)
　　　　패밀리룸 60,000~85,000원 (2~4인 기준)
　　　　여자 도미토리 22,000원
　　　　조식 제공, 취사 가능, 와이파이, 장기 숙박 할인 가능
in & out time _ 3PM, 11PM
web _ www.cubnb.com
subway _ 지하철 4호선 혜화역 2번 출구

대학로 옆 주택가의 조용한 가정집

대학로에는 적어도 백 개가 넘는 공연장과 영화관이 있다. 공연을 보기 위해 지방에서 올라오는 여행자들도 많다. 요즘에는 외국인 관광객들도 눈에 띄게 늘어났다. CUbnb는 대학로에서 쉴 곳을 찾는 여행자들에게 좋은 곳이다.

대학로는 집 구하기가 만만치 않다. 대부분 한 자리에서 10년 이상 살아온 터줏대감들이 모여살고 있기 때문이다. CUbnb를 운영하는 동갑내기 부부는 아담한 2층짜리 단독주택을 찾아내고 쾌재를 불렀다. 그리고 전형적인 가정집 콘셉트를 살려 '가정식 게스트하우스(Bed and Breakfast)'를 표방하는 숙소를 만들었다. CUbnb 운영을 전담하는 사람은 아내. 그리고 남편은 온라인으로 액세서리 숍(www.stylo.co.kr)을 운영한다.

1층에는 더블룸과 여성 4인 도미토리 룸이 하나씩 있어 단촐하고 아담한 분위기다. 2층은 호스트의 개인 부엌과 남편의 사무실, 화장실 겸 샤워실, 그리고 4인 도미토리 혹은 패밀리룸이 되기도 하는 방이 한 개 더 있다. 화장실 바로 옆 방은 시끄러울 수 있어서 손님에게 내주지 않고 호스트 남편의 사무실로 쓴다. 1층의 가장 큰 방은 호스트 부부가 사용 중이다. 그 방에 침대를 여러 개 놓고 손님을 많이 받을 수도 있지만 그렇게 되면 화장실이 부족할까봐 그냥 부부가 큰 방을 쓴다고. 같은 공간에서 손님들과 함께 생활하니 청소도 더 신경쓰게 되고 손님들도 더 챙길 수 있다고.

직접 나무 바닥을 짜 넣어 만든 건식 화장실은 이 집에서 가장 인기가 좋은 곳. 공간이 넓어서 답답하지 않다. 1층 부엌에는 그릇부터 양념까지 내 집처럼 제대로 구비되어 있어 누구나 음식을 해먹을 수 있다. 또 식사 시간에 제한을 두지 않고 언제든 원하는 시간에 마음껏 먹을 수 있게 빵과 커피가 준비되어 있다. 일주일에 몇 번은 호스트가 따로 간식이나 별미를 챙긴다. 외국인들이 의외로

좋아하는 약과도 늘 준비되어 있다.

　방에는 화사한 컬러의 침구와 색을 맞춘 옷걸이가 앙증맞게 걸려 있고 바디로션에 마음껏 쓸 수 있는 수건 바구니 등 세심한 배려가 눈에 띈다. 근처 맛집 지도를 나눠준다거나, 등산 코스까지 그려놓는 등 살뜰한 서비스가 많다. 로마나 런던의 한인민박집 같은 느낌이다.

문화와 예술을 사랑하는 여행자들의 공간

　"한국 분들은 주로 연극이나 뮤지컬을 보러오고, 외국 분들은 극장에서 영화를 봐요."

　CUbnb에는 오직 공연을 보기 위해 머무르는 여행자들이 많다. 혼자 와서 공연을 하루 두 개씩 보며 일주일 내내 머물다가는 사람도 있다고 한다. 지방에서 아이들과 함께 올라와 공연을 보는 가족, 동창회겸 연극을 보러오는 주부 등 온갖 다양한 사람들이 문화와 예술을 만끽하러 이곳을 찾는다. 종로나 홍대 처럼 붐비는 곳을 피해 이곳을 찾는 경우도 있다. 호스트의 추천으로 '이화 벽화 마을'을 산책 삼아 다녀왔다.

   게스트하우스에서 5~10분 정도 걸으면 카페가 몇 군데 보이고 곧이어 낙산 공원이 나온다. 탁 트인 전망에 조형물이 어우러진 근사한 풍경을 보며 걷다보 면 어느새 이화 벽화마을에 도착한다. 이 마을은 1970년대에서 시계가 멈춘 듯 낡고 오래된 풍경을 간직한 동네이다. 2006년 '낙산공공미술프로젝트'가 시작되 면서 백일 동안 70명의 작가들이 모여 동네주민들과 함께 마을 담벼락에 벽화 를 그리고 설치미술 작품과 조형물을 세웠다. 마을 분위기가 달라지고 TV나 영

화에 자주 등장하면서 관광객이 몰려들었다. 특히 TV프로그램 1박2일에서 이승기가 사진을 찍어 유명해진 날개벽화에 너무 많은 관광객이 몰려와 주민들이 항의할 정도였다. 지금도 낡은 그림에 타일을 덧붙이기도 하고 빈 벽이나 계단에 새로운 벽화를 채워 넣는 등 꾸준히 가꿔가고 있다. 골목에서 갑자기 마주치는 다양한 벽화들은 반갑고 재밌다.

  내가 머물던 날 2층 패밀리 룸에 묵던 프랑스 여행자들과 함께 호스트가 해준 잡채를 나눠먹었다. 그들이 서툰 젓가락질로 잡채를 집어먹으려 애쓰는 모습이 어찌나 재미있던지. 그들은 서울에 와서 한글을 배우기로 결심했다며 종이와 펜을 들이밀고 이것저것 열심히 물었다. 한가로운 저녁시간, 거실 의자에 푹 기대고 앉아있으니 정말 친구집에 놀러온 기분이다.

1 호스트 부부와 게스트들이 함께 찍은 사진으로 서로를 추억한다.
2 늘 준비되어 있는 간식. 외국인들이 좋아하는 약과도 있다.
3 아침 식사.
4 게스트들이 남기고 간 간식들. 동서양의 과자가 섞여있다.
5 화장실 입구에 수건이 있어 편리했다.

+
Host & Guest Interview

호스트 제이
손님들과 함께 행복한 일상을 만들어요

언젠가 게스트하우스를 해보고 싶다는 생각을 하며 살아온 제이. 지난해 뉴욕 여행 때 들렀던 게스트하우스에서 그 결심을 굳혔다. 제이는 남편의 도움을 받아 1년 전 CUbnb를 오픈했다. 연애기간과 결혼 기간을 합쳐 17년차인 부부는 시간이 날 때마다 자주 여행을 다니고, 개인 사업과 게스트하우스 운영을 병행한다. 손님들과 같은 공간에서 함께 지내다보니 대화도 많이 하고 잘 어울리게 되었다고.
"약간 긴장 상태로 게스트하우스에 오지만 음식해서 먹고 이야기 나누다보면 금방 편하게들 있다 가요."
그녀가 삶을 대하는 여유야말로 CUbnb를 집처럼 안락하게 만드는 비결인 듯하다.

게스트 플루헝 & 알렉스(프랑스)
스타크래프트가 좋아 한국에 왔어요

플루헝과 알렉스는 중국을 거쳐 서울로 왔다. 상하이에서 공부하다 만난 사이로 함께 아시아를 여행하고 있다. 5일째로 접어드는 서울여행. 매일매일 새롭고 즐거운 것 투성이다.
"스타크래프트를 너무 좋아해서 한국이라는 나라에 관심이 생겼고, 오고 싶었어."
둘 다 20대 중반이지만 게임 이야기를 할 때는 영락없는 어린아이의 표정이다. 관광지를 찾아가기도 하지만 대부분 한국에서 만난 친구들이랑 보내고 있다. 매일 다른 한국 음식과 술에 도전하는 중이라며 신이 난 모습이었다. 인터넷에서 만난 친구들에게 서울에 가면 꼭 대학로에 머물라고 추천한다고. 외국에서 게스트하우스에 머무는 건 처음인데 깔끔해서 좋다고.

게스트 크리티아(태국)
맛있는 한국이 좋아요

여자 4인 도미토리 룸에서 같이 묵었던 세 명의 태국 여행자들. 스물세 살 크리티아와 그녀의 이모들이다. 크리티아는 수의사가 되기 위해 공부 중인데 이모들과 베트남, 일본을 거쳐 서울까지 여행 중이다. 한국행 특가 항공권 때문에 왔지만, 일본보다 지하철이 덜 복잡하고 음식이 더 맛있어서 훨씬 좋다고 한다. 크리티아는 여러 나라를 여행한 경험이 있고 서울 여행도 처음이 아니다. 그만큼 다양한 게스트하우스에 머물러봤지만 CUbnb만큼 좋은 곳은 드물다고 했다.
"여긴 정말 집 같은 곳이야. 일단 분위기도 그렇고 자유롭게 음식해 먹을 수 있어서 더 좋아. 이정도 가격에 지하철역도 가깝고 깨끗하고 퍼펙트!"하고 외쳤다.

호스트가 추천하는 동네 맛집 & 카페

THE CAFE 8oz

price _ 아메리카노 3,500원, 카페 마리아 테레지아 6,000원, 벚꽃 라떼 5,000원, 19금 adult coffee 7,000원
add _ 서울시 종로구 낙산길 19
tel _ 02-3674-7777
web _ www.thecafe8oz.com
open & close _ 11:30~22:30

낙산공원과 이화동 벽화마을 가는 길 끝에 있는 카페. 특이한 이름의 커피 메뉴가 많은데 '세계여행 메뉴' 쪽에 있는 '오스트리아-카페 마리아 테레지아'를 골랐다. 커피에 오렌지, 생크림 그리고 사탕까지 환상의 조화! 살짝 달콤하면서도 쌉싸름한 맛이 입안을 가득!
특이한 이름에 이끌려 '벚꽃라떼' 한 잔을 더 시켰다. 봄을 겨냥하고 만든 메뉴였지만 계절 상관없이 좋을 것 같다. 디저트 피자와 와플 등 사이드 메뉴도 많아서 브런치를 먹어도 좋겠다.

돈텐동 식당 (대학로점)

price _ 수제 돈카츠, 가키아게 우동, 히야시 우동 등 모두 6,000원
add _ 서울시 종로구 동숭동 1-147
tel _ 070-4103-4132
open & close _ 11:00~21:00

서울에 딱 네 곳이 있다는데, 모두 한가족이 운영을 한다. 모든 메뉴가 6,000원으로 수제 돈카츠와 우동이 전문.
수제 돈카츠를 먹는데 하나씩 없어질 때 마다 아쉬웠을 정도. 긴 줄을 서야 하지만 주문을 미리 받기 때문에 자리에 앉으면 음식이 빨리 나온다. 포장도 가능하다.

[도심 & 강남]   [굿데이코리아 게스트하우스]   [page 168]

굿데이코리아 게스트하우스

한남동의 우아한 저택

add _ 서울시 용산구 대사관로 20길 8-3
tel _ 02-793-8886
price _ 싱글룸 45,000원, 더블룸, 트윈베드 69,000~89,000
원, 패밀리룸 1인 35,000원(4인 정원, 3명부터 가능)
조식제공, 취사 불가, 와이파이, 공용 컴퓨터, 짐 보관
in & out time _ 2PM, 11AM
web _ www.gooddaykorea.com
subway _ 지하철 6호선 한강진역 3번 출구, 도보 10분

조용한 골목 안의 드라마 같은 저택

이태원과 한남동의 중간쯤 '대사관로'라고 불리는 골목에는 대사관이 무려 서른 여덟 개가 있다. 그래서인지 깨끗하고 조용하며 때마다 순찰을 도는 경찰차 덕에 안전도 보장된다. 그런 곳에 게스트하우스가 있다. 대문과 담장을 없애고 입구에 아주 작은 간판을 걸어놓은 집. 나무로 바닥을 짠 발코니 느낌의 아담한 안마당이 보인다. 방금 누군가 앉아있었던 듯 흐트러진 테이블과 의자 몇 개, 그리고 그 옆에는 빈 와인병이 나란히 줄 서 있다. 와인파티라도 있었던 걸까?

집 구경 왔다가 마음에 들어 게스트하우스를 오픈했다는 호스트의 말에 고개가 끄덕여졌다. 한국관광공사 사장의 집이기도 했고, 엔터테인먼트 회사 사무

담장 높은 집들 사이에 유일하게 담장을 없앤 집이다. 전날 와인파티가 열렸던 흔적.

실로도 쓰였던 이 집은 아무런 인테리어 공사가 필요없을만큼 잘 관리되어 있었다. 한남동은 강남과 강북 양쪽으로 교통이 편리하다. 다리만 건너면 강남이고 터널만 지나면 명동이다. 서울을 둘러보려는 여행자들에게 딱 좋은 중간 지점. 게다가 도보 5분이면 이태원이다. 맛집이 많은 한남오거리도 걸어서 5분이고, 길만 건너면 블루스퀘어나 국립극장도 가깝다.

"시끌벅적한 곳에서 먹고 놀다가 걸어서 올 수 있고, 조용히 잘 수 있는 게 우리 집의 장점이에요."하고 말하는 호스트의 설명 그대로이다.

내부는 심플한 성격의 주인을 꼭 그대로 닮았다. 꼭 필요한 것만 가져와 채워둔 군더더기 없는 인테리어는 우아한 저택 분위기의 이 집과 잘 어울린다. 1층 벽

도미토리룸은 침대 사이 간격이 넓어 답답하지 않다.

에 걸려있는 액자 하나가 눈에 띄었다. '소문만복래'라고 쓰여 있는 글씨에 묘한 멋이 깃든 액자는 전시회 때문에 왔던 일본인 서예가가 선물로 써주고 간 것이라 했다. 일본인 서예가의 글씨라 특이한 매력을 풍겼나 보았다.

드레스룸이 딸려있는 근사한 방도 발견하고 불 꺼진 벽난로 옆에도 슬쩍 앉아봤다. 흑갈색의 나무 계단은 오르내릴 때마다 드라마 속 주인공이 된 듯한 느낌. 큰 집이라 화재사고 예방 차원에서 미니 싱크대와 냉장고만으로 단촐한 주방이 만들어져 있다. 2층에는 여러 명이 한 번에 쓸 수 있는 샤워실도 있다. 방마다 유니세프 환경 돕기와 아프리카 아동 돕기에 동참한다는 안내문, 전기절약과 지구지킴을 위해 적정온도 유지에 동참해달라는 안내문이 붙어있다.

광고 없이 입소문만 타고도 유명해져

"광고는 하지 않고 홈페이지와 페이스북 정도만 하고 있어요."

굿데이코리아의 문을 연 지는 1년 정도로, 자리 잡는데 시간이 조금 걸렸지만 호스트 김서영 씨는 아직도 느긋하다. 오로지 다녀간 사람들의 입소문으로만 유지가 되고 있는 것이다. 한 번 머물렀던 손님이 지인들한테 소개시켜주면서 자꾸 연결이 된다고.

굿데이코리아의 호스트는 자신의 존재를 별로 드러내지 않는다. 호스트의 적극적이고 친밀한 서비스 때문에 좋은 게스트하우스가 있는 반면, 이렇게 아무런 간섭 없이 손님을 방치해서 좋은 게스트하우스가 있다. 이런 호스트의 '쿨함'이 좋아서 찾아오는 외국인 손님들이 많다고 한다.

전반적으로 학생들보다는 직장인들이 더 좋아할 것 같은 느낌인데, 출장으로 들리는 사람이 제일 많다. 지방에서 결혼식 때문에 와서 머무는 사람들도 꽤 된다고. 이태원에서 불금을 보내고 들어와 조용히 쉬기에도 좋은 숙소이다.

1 냉장고 안에 있는 음식은 언제든 먹어도 된다. 설거지는 필수.
2 계단은 원래 있던 것을 살렸다.
3 인상적인 문구가 많았던 메시지 보드.
4 친구와 늦게까지 수다를 떨고 싶다면 이 방을 추천한다.
5 나무 바닥에 매트리스를 깔고 한국적인 소품으로 장식한 방.

+
Host & Guest Interview

호스트 김서영

최대한 자유를 드려요

그녀의 첫인상은 쿨했다. 레스토랑 컨설팅과 게스트하우스 운영을 같이 하고 있는 능력자. 그것도 스태프 없이 혼자 한다. "전에 했던 일들이 힘들어서인지 이 정도는 거뜬해요."라고 말한다. 오랫동안 토익, 토플 강사로 일했고, 영국 유학을 다녀와서는 레스토랑 경영도 하고 있다. 우연치 않게 이 집을 만나면서 게스트하우스까지 열게 된 것. 그녀는 "저는 손님들에게 최대한 자유를 드려요. 간섭이 전혀 없으니까 다른 게스트하우스와는 완전 반대예요."하고 말했다.
직장을 다니는 친구들이 부러워하는데, 사실은 늘 매여 있고 신경 써야 하는 게 많다고 한다. "그래도 기분 좋게 여행하는 게스트들 덕분에 좋은 기운 받으며 지내요."하고 말하는 그녀는 처음으로 광고성 멘트를 해 본다고.
"굿데이 때문에 서울에 오진 않겠지만, 서울에 오면 찾게 되는 곳이 굿데이였으면 좋겠어요."

게스트 자유를 위해 뭉친 엄마들

'엄마'와 '아내'를 내려놓고 우리만의 여행을 꿈꿔요

30대 초반 네 명의 친구들이 게스트하우스에서 뭉쳤다. 여자로, 엄마로, 아내로 살고 있는 그녀들은 한동네에서 또래 아이를 키우며 가까워졌다. 겨우 걸음마를 떼기 시작했던 아이들이 유치원에 가고 학교에 가니 '여유'가 생겨 '매년 아이들 없이 가는 여행'을 계획했다.
작년엔 부산, 올해는 서울에 왔다. 해외여행을 도모했지만 아직 무리였다고. 그래서 서울 시내에서 자유를 누리기로 한 것이다. 마음만 먹으면 쉽게 갈 수 있는 새벽시장, 맛집, 카페지만 아이들이 있으면 얼마나 어려운 일인지 엄마라면 누구나 아는 사실!
미남 외국인 여행객이라도 볼 수 있지 않을까 하는 기대를 살짝 했으나 모두 여자들뿐이어서 아쉬웠다는 그녀들은 "남편이나 아이들 아침 챙겨 먹일 시간에 여기서 토스트에 커피를 마시고 있으니 여유롭네요." 라며 즐거워했다.

호스트가 추천하는 **동네 맛집 & 카페**

Talk C

굿데이코리아에서 이태원으로 걸어가는 도중에 있는 아주 작은 카페. 건물과 길에 파묻혀 있는 공간을 좁지만 멋스러운 카페로 탈바꿈시켰다. 카페 안에도 앉을 수 있지만 야외 의자가 더 많다.

우유와 섞어 블렌딩한 라떼 종류의 음료가 주 메뉴. '첫맛이 고소하고 끝맛은 신맛이 나도록 노력한다.'는 게 20대 후반의 젊은 사장의 맛의 철학. 몇 가지 종류의 커피콩도 갈아서 판매한다. 비오는 날 운이 좋으면 1+1으로 커피를 마실 수 있다.

price _ 바닐라라떼 4,200원, 밀크티 4,500원,
　　　　아메리카노 3,500원
add _ 서울시 용산구 대사관로 12길 4-8
tel _ 02-790-3397
open & close _ 10:00~22:00

Charlie's

카페 아르바이트생의 추천으로 가게 된 핫도그 집. 주문받는 사람이 외국인이지만 당황하지 않아도 된다.
인사부터 주문까지 완벽한 한국어를 구사하기 때문. 원하는 토핑을 고르면 맛있게 만들어 준다. 새벽 2시까지 영업을 하기 때문에 늦은 시간에 맥주나 칵테일을 마시러 오는 사람들이 많다고. 낮에도, 밤에도 늘 손님이 차 있다.

price _ 핫도그 4,000원, 토핑 각 500원
　　　　사과주스 3,500원
add _ 서울시 용산구 대사관로 12길 4-2
tel _ 02-794-9888
open & close _ 12:00~02:00

B my 게스트하우스

강렬한 레드의 유혹

add _ 서울시 중구 소공로 6가길 2
tel _ 02-757-8883
price _ 2인실 60,000~90,000원, 4인실 85,000~100,000원,
　　　Rooftop 125,000~145,000원, 1인 추가시 10,000원.
　　　조식 샌드위치+음료 2,000원, 베이글+음료 3,000원
　　　취사 불가, 와이파이, 공용 컴퓨터, 세탁 무료
in & out time _ 2PM, 11:30AM
web _ www.bmyguesthouse.com
subway _ 지하철 4호선 명동역 2.3.4 번 출구

● Writer's Comments

명동에는 게스트하우스가 많고 드나드는 투숙객도 많은 만큼 지저분한 곳도 종종 있다. 그래서 게스트하우스를 예약할 때 무엇보다 청소 상태를 확인하는 게 중요하다. '비 마이'는 청소를 전담하는 두 명의 스테프가 있어 화장실에도 물기 하나 없이 깨끗하고 침구도 청결하다. 다만 3층 건물에 엘리베이터가 없는 게 조금 아쉬웠다. 하지만 스태프들이 책임지고 가방을 운반해주니 힘들게 들고 오르내릴 필요는 없다.

 비 마이 게스트하우스에 4일 이상 머물면 캐리커처를 그려준다. 게스트하우스 대표의 어머니가 그려주는데 인기만점이다. 캐리커처 때문에 일정을 늘리거나 이곳에 머무는 사람들이 있을 정도라고.

하얀 벽이 빨간 방문을 더 돋보이게 한다.

명동은 내가 태어나기 전부터 복잡했을 것 같다. 건물에도 길에도 물건을 팔려는 사람과 사려는 사람들로 북적북적. 어느 나라의 관광객이 많으냐에 따라 상점에서 들려오는 직원들의 외국어도 달라진다. 인파에 휩쓸려 도로를 하나 건너면 게스트하우스와 작은 호텔들이 매우 번잡하게 붙어 있는 숙박단지가 나온다. 나는 거기로부터 조금만 떨어져 지내고 싶었다. 그래서 선택한 '비 마이 게스트하우스'. 숙박단지에서 도보 2분 거리이다.

멀리서 강렬한 레드 테두리를 두른 집에 'B my guesthouse'라는 새빨간 글씨가 번쩍거린다. 이 정도면 아무리 구석에 있다 해도 찾지 못할 일은 없겠다. 문을 열고 들어가니 크지 않은 공간에 역시 레드가 군데군데 빛을 발한다. 유럽의 디자인 호스텔을 연상시키는 심플하고 감각적인 인테리어였다.

1 게스트하우스 안에 있는 카페 공간.
2 살짝 구운 베이글과 크림치즈 조식.

투숙객은 쇼핑에 바쁘다

"손님들이 모두 바쁘세요. 아침, 저녁에나 잠깐씩 볼 수 있어요."

텅 빈 로비와 조용한 복도를 기웃거리자 설지환 대표는 명동의 게스트들은 오전에 나가서 밤늦게 돌아오는 손님들이 대부분이고 오후에 잠깐 들어왔다가도 쇼핑한 걸 두고 곧장 다시 나간다고 했다. 당연히 손님들이 주로 묻는 건 쇼핑과 맛집에 대한 정보. 명동뿐만 아니라 이태원 등으로 많이 간다고.

대부분 아시아계. 그 중 80퍼센트는 두 달 전에 미리 예약을 해둔 이들로 20대 여성이 제일 많다. 주로 친구나 커플, 가족 단위로 많이 오기 때문에 도미토리는 없다. 대신 지붕 바로 아래 '루프탑 방'을 만들어서 여러 명이 와도 함께 지낼

캐리커처를 받고 좋아하는 게스트 사진과 짧은 메시지로 가득한 벽.

엘리베이터가 없어서 스태프가 가방을 옮겨 준다.

1 복도 벽의 작은 사물함.
2 방마다 미니 냉장고가 있다.
3 현관 앞에 주간 일기예보를 붙여 놓았다.
4 반값에 맛있는 커피를 마실 수 있는 1층 카페.
5 모든 방 안에 화장실 겸 샤워실이 갖추어져 있다.

수 있는 공간을 꾸며놓았다. 천정은 낮지만 공간이 넓고, 독특한 모양의 천장과 바닥에 놓인 조명 때문에 분위기가 멋지다. 방 입구에는 화장실과 샤워실도 있다. 나머지 방들은 2~4인실이다. 모든 방에는 회색과 빨간색을 섞어 맞춘 컬러풀한 침구가 세팅되어 눈길을 끈다. 방마다 작은 벽걸이 TV, 미니 냉장고, 화장실 겸 샤워실이 갖춰져 있다.

　복도 벽에는 작은 사물함이 붙어있다. 신발 한 켤레쯤 들어갈 아담한 사이즈의 사물함은 디자인도 예쁘고 귀중품을 보관하기에도 좋을 것 같다.

　이 건물 1층엔 저렴하지만 맛있는 카페가 있어 저렴한 가격대에 이용할 수 있다. 호스트가 직접 끓인 커피는 보통 솜씨가 아니다. 다른 곳에서 카페를 운영하는 아내가 많은 도움을 주었다고 한다. 카페에서는 2~3천 원에 간단한 조식을 사먹을 수 있다. 그는 그저 그런 아침을 무료로 제공하기보다는 돈을 조금 받더라도 실속있게 준비하고 싶었다고 했다.

　1층 카페는 숙박객들이 오며가며 쉴 수 있는 로비 역할을 한다. 대부분 바쁜 숙박객들이라 넓은 공용공간이 필요하진 않은 듯 하다. 심플한 소파와 테이블이 전체적인 레드톤과 잘 어울렸다. 숙박객들이 남긴 메모와 캐리커처들이 분위기를 활발하게 만들고 있었다.

+
Host & Guest Interview

호스트 **설지환**

부티크 호텔을 만들고 싶어요

그는 호텔 경영학을 전공하고 유학까지 한 호텔리어였다. 그러나 이상과 현실은 너무 달랐다. 그는 직접 자신의 호텔을 만들어보기로 했다. 그 작은 시작이 지금의 비 마이 게스트하우스이다.
"게스트하우스를 초석으로 삼아 언젠가 부티크 호텔을 만드는 게 제 꿈이에요."
제대로 해보고 싶은 욕심이 커서 인테리어에도 공을 들이고 스태프도 심사숙고해서 뽑았다. 마음 맞는 스태프를 만나는 게 가장 어려웠다면서 옆에 있는 스태프에 대해 손님들이 저보다 이 친구를 더 좋아해요, 하고 말했다. 지금의 스태프는 7달째 함께 일하고 있다. 오랫동안 공부한 분야이지만 학교에서 배운 것을 실전에 적용하는 것은 생각만큼 쉽지 않았다. 지금도 여전히 시행착오를 겪고 있다고 하는 그는 "그래도 노하우가 생겼어요."하고 웃는다.
"손님들과 이야기하다보면 비슷한 또래가 된 것 같은, 젊어지는 느낌을 받을 때가 있어요."
그는 그런 순간이 가장 즐겁다고 했다.

스태프 **정우**

여행자들을 보면서 새로운 용기를 얻어요

호스트의 신임을 한몸에 받고 있는 스태프 정우 씨. 따뜻한 눈빛을 보니 그 이유를 알 것 같다. 손님들에게 가벼운 인사만 건네는 것이 아니라 도와줄 것은 없는지, 재미있는 일은 없었는지 친근하게 말을 건넨다. 뭐든 친절하게 대답해주니 오가는 사람들이 다 잠깐씩이라도 그와 대화를 한다.
"아직 욕심만큼 영어를 잘하진 못해요. 그래도 일하면서 많이 늘었으니 더 열심히 하려고요."
그는 스태프로 일하면서 외국어에 대한 욕심이 생겼다고 한다. 게다가 자신보다 어린 친구들이 여행하는 것을 보면서 그렇게 살지 못했던 것이 후회스럽기도 했다고.
청소담당자가 있어 리셉션과 손님들만 챙기면 되니까 크게 힘들지는 않지만 엘리베이터가 없으니 매일 무거운 짐을 들고 2, 3층을 오르내리는 건 솔직히 힘들다고. 게다가 쇼핑에 몰두하는 투숙객들의 짐은 체크아웃 할 때는 두 세배로 무거워져 있다. 그래도 일정을 마치고 손님을 차에 태워 공항에 보낼 때가 가장 보람 있다고.

게스트 재클린 & 아일린 & 베니타 (싱가폴)
지드래곤 생일을 축하하러 왔어요

싱가폴에서 온 스물한 살 동갑내기 대학 친구들인 재클린과 아일린, 베니타. 외출에서 돌아오자마자 스태프에게 부탁해서 치킨을 두 마리 시킨다. 그것도 '반반'으로. 너네 뭘 좀 먹을 줄 아는구나, 하고 웃었더니 벌써 세 번째 시켜먹는 거라고 했다.
"서울에 오면 쇼핑을 제일 많이 하고 찜질방이랑 노래방에 가서 놀아." 하고 말하는 그녀들의 표정은 영락없는 어린 소녀들이다. 특히 '비 마이'는 쇼핑 다니기에 편한 게스트하우스라고. 그런데 이번에는 특별한 이유가 있었다. 바로 지드래곤의 생일을 축하하기 위해서이다. 그녀들은 아주 기발한 발상을 실행에 옮겼다. 지드래곤의 부모님을 찾아가 감사를 전한 것이다. 너무나 뿌듯해하며 지드래곤의 부모님과 함께 찍은 인증샷을 보여주었다. 나 역시 지드래곤의 팬이라 잘 아는 얼굴이었다.
엄청난 짐에 놀라워하자 그녀들이 가방 속을 공개했다. 각종 먹거리부터 액세서리, 화장품, 옷, 가방 등 끝도 없는 쇼핑품목들. 가방이 터질 것 같다며 까르르 웃었다.
"돈 모아서 쇼핑하러 곧 다시 올 거야." 정말이지 금방이라도 명동 어디쯤에서 곧 다시 만날 수 있을 것 같다.

호스트가 추천하는 동네 맛집 & 카페

coffee faktory

삼청동에서 유명한 'coffee faktory'를 명동에서 만났다. 분위기는 조금 다르지만 맛과 인기는 그대로였다. 뜨겁고 차가운 음료의 가격 구분이 있는 다른 곳과 달리 모든 음료가 동일한 가격이다.
지금 음료 몇 가지는 3,000원에 마실 수 있다. 점심시간에 밀려드는 손님에 깜짝 놀랄 정도. 다른 주변 카페와는 비교불가 할 만큼 손님들로 넘쳐난다.

price _ 3,000~6,000원
add _ 서울시 중구 소공로 46번지 120호
tel _ 02-3789-8270
open & close _ 08:00~19:00(주말 10:00~19:00)

김치 게스트하우스

강남 한복판 초대형 게스트하우스

add _ 서울시 강남구 선릉로 133길 23
tel _ 02-518-6696
price _ 도미토리 25,000원, 1인실 50,000원, 2인실 60,000원, 공용 컴퓨터, 와이파이, 세탁기 2,000원, 건조기 2,000원, 조식제공, 취사 가능
in & out time _ 3PM, 12PM
web _ www.kimcheeguesthouse.com/gangnam
subway _ 지하철 7호선 강남구청역 3번 출구 도보 3분

● Writer's Comments

김치 게스트하우스는 성인만 출입이 가능해서 가족 단위의 손님은 없다. 최근 비즈니스맨들도 호텔 대신 게스트하우스를 찾는 경우가 많은데, 이곳도 출장 비즈니스맨의 예약이 늘었다. 호텔 못지않은 청결함에 강남 한복판이라는 편리한 위치, 거기다 저렴한 비용까지 여러 모로 만족스러운 곳이다.

CHECK 김치 게스트하우스에 머물면 누구나 무료로 참여 가능한 투어 'X Travel'. 매주 수, 금요일 오전 10시 30분 광화문 세종대왕 동상 앞으로 가면 된다. 투어 코스는 경복궁 → 국립 민속 박물관 → 청와대 입구 → 통인시장 → 청와대 사랑채 → 서촌한옥마을 → 경복궁역. 영어로 진행되지만 나름 재밌으니 참여해보자.

1 리셉션. 의자를 두어 편하게 안내 받을 수 있다.
2 조리대와 개수대가 2개라 여러 사람이 동시에 이용 가능하다.
3 빈티지 소품 겸 실제 작동되는 조명버튼.
4 도미토리 룸 안에는 대리석으로 꾸민 화장실 겸 샤워실이 있다.

시설은 호텔, 가격은 게스트하우스

강남구청역 도보 3분 거리의 김치 게스트하우스의 강남지점. 외관만 보면 웨딩하우스 같지만 게스트하우스가 맞으니 안심하고 들어가자.

입구에는 2층 높이의 천장에서 긴 줄을 타고 내려온 화려한 샹들리에가 보인다. 한눈에 고급스러운 분위기여서 제대로 온 걸 알지만 눈이 휘둥그레졌다. 호텔처럼 리셉션 바로 앞에 엘리베이터가 있어 무거운 짐을 들고 계단을 오르지 않아도 되니 좋다. 게다가 리셉션 앞에 친절하게도 손님용 의자가 놓여있는 등 입구부터 그야말로 '깨알 서비스'이다.

규모가 큰 만큼 방은 총 60개가 넘는다. 그 중 도미토리룸은 한 개이고 2인실이 다섯 개, 나머지는 다 1인실이다. 모든 1인실과 2인실에 화장실 겸 샤워실이 따로 있다. 개인 TV와 책상, 미니 냉장고도 있고 천장엔 봉을 설치해 옷을 걸 수 있게 되어 있어 비즈니스호텔 수준이다. 건물 구조 때문에 방의 크기나 구조는 조금씩 다르다. 넓지는 않아도 불편하지는 않은 크기였다.

"우리 게스트하우스는 도미토리룸이 자랑이에요. 저도 정말 좋아해요."하고 매니저가 힘주어 말했다. 그의 말대로 꼭대기층인 6층에 자리한 도미토리룸은 기대 이상으로 근사했다. 신발 신고 나가서 주변도 둘러보고 심호흡도 할 수 있는 넓은 테라스가 있다.

원래 펜트하우스로 쓰던 곳을 도미토리룸으로 만들었다고 한다. 높은 천장과 탁 트인 공간은 럭셔리하고, 대리석으로 덮인 넓은 화장실에는 대형욕조까지 있었다. 넓은 방에 이층 침대를 양쪽 벽으로 붙여놓으니 정원이 여덟 명인데도 여유있다. 냉장고와 개인 캐비닛도 있어 기존에 보던 도미토리룸과는 차원이 다르다. 게다가 가격도 저렴하다는 사실!

도미토리와 연결된 테라스로 나가면 탁 트인 풍경을 감상할 수 있다.

출장 오는 이들에게 인기가 좋은 싱글룸. 모든 방 안에 미니 냉장고와 텔레비전, 책상을 갖추어 놓았다.

럭셔리 카페테리아

    일 때문에 바쁜 분들을 제외하면 게스트들은 대부분 카페테리아에서 시간을 보낸다고 매니저는 말한다. 나 역시 이곳에서 가장 긴 시간을 보냈다. 지하 1층의 카페테리아는 대부분의 사람이 김치 게스트하우스를 선택하는 이유이기도 하다. 럭셔리 카페를 방불케 하는 넓은 공간에 독특한 디자인의 테이블과 의자들이 멋스럽게 놓여있다. 소파와 빈티지 거울도 매우 고급스럽고 감각적이다.

    누구는 부엌에서 밥을 해먹고, 누구는 테이블에 앉아 맥주를 홀짝거린다. 누구는 피곤한지 소파에 몸을 기댄 채 눈을 감고 있고, 누구는 흘러나오는 음악에 리듬을 타고 있다. 게스트하우스에 어떤 사람들이 묵는지 궁금하다면 카페테리아에 가면 된다.

    싱글룸이 많은 이곳의 여행객들은 대부분 혼자 왔다가 카페테리아에서 저절로 일행이 생겨 우르르 몰려다니게 된다. 그렇게 며칠이 지나면 생각보다 훨씬 친한 친구가 되고 그 관계는 사람에 따라 다르지만 지속된다. 그래서 한 번의 여행이 끝날 때마다 끊임없이 친구가 생기는 것이다.

Host & Guest Interview

호스트 설인덕

게스트하우스 프랜차이즈를 만들고 싶어요

4년 전 처음 홍대 근처에서 김치 게스트하우스를 시작했고 무려 7개의 지점으로 늘어났다. 조만간 두 곳을 더 오픈 할 예정이라고 하니 인터뷰 할 시간도 없을 만큼 바빠 보였다. 그에게는 이미 캐나다에서 한인 민박으로 성공한 노하우가 있었다. "처음엔 놀면서 일하려고 게스트하우스를 시작했는데 하다보니까 그게 아니더라고요." 예전이나 지금이나 일이 즐겁지만 사업이 커지니 직원관리, 시설관리 등 계속 신경 쓰이는 부분이 많아서 정신이 없다고. 점차 지점 매니저들에게 권한을 많이 주고 독자적으로 운영되도록 할 생각이라고 했다. 그렇게 하다보면 그의 바람대로 프랜차이즈로 성장할 수도 있을 듯 했다.

매니저 영삼

쉬지 않고 일해도 즐거워요

"아 정말 좋아요, 진짜!!" 서른 가지가 넘는 아르바이트를 해봤지만 지금이 제일 좋다며 환하게 웃었다. 유학 준비를 하던 중 우연히 게스트하우스 일을 시작하게 되었다. 스태프로 일하려다가 매니저가 되어버렸는데 요즘 '나만의 게스트하우스를 만들어가는 재미에 푹 빠져있다. 공부를 포기하고 이곳에 눌러앉은데 대해 후회는 없는 듯 했다. 김치 게스트하우스는 매니저에게 권한을 많이 준다. 그래서 게스트하우스 전체를 자기 스타일로 이끌어 갈 수 있다고. 게다가 강남지점이 생기자마자 매니저를 맡아 할 일이 많다. "제가 만드는 것들이 여행 오는 분들한테 영향을 끼칠 수 있다고 생각하니까 책임감이 느껴져요." 하고 말하는 그는 즐거워 보였다.

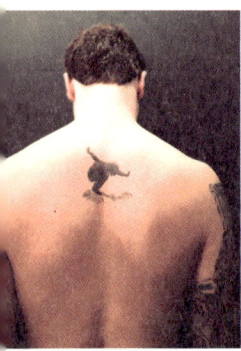

게스트 디마 (이스라엘)

언제나 여행자

사진을 찍고 있었는데 누군가의 시선이 느껴졌다. "너 포토그래퍼야?" 하고 물었다. 자신의 몸에 있는 타투 사진을 찍고 싶다며 "이렇게 사진 좀 찍어 줄래?" 하고 사진 한 장을 보여준다. 그래서 얼떨결에 찍게 된 낯선 남자의 상반신. 그는 서울에 도착한지 3일째인 이스라엘 청년. 관광지 카페에서 일을 하는 그는 돈이 모이면 여행을 하고, 다시 일한다. 서울에 높은 빌딩도 많고 사람도 많고 차도 많지만 신기하게 조용하다며 감탄했다. 이스라엘은 시끄럽거든, 하고 눈을 찡긋하면서. 이태원이 제일 재미있었고, 그 사이 지방에 낚시하러 갔다 오기도 했단다. 일본 여행을 한 다음 서울에서 더 머물다 이스라엘로 돌아간다는 자유로운 여행자이다.

Guest Interview

게스트 엘리스(프랑스)
한국 가수를 섭외하러 왔어요

파리지앵인 엘리스는 20년 동안 발레를 했다며 사람들 앞에서 춤을 추었다. 그녀는 김치 마니아로 파리에서도 늘 김치를 사먹었을 정도라고. "게스트하우스 이름이 김치라서 너무 웃겼어. 그래서 여길 골랐지."하고 그녀가 하하, 웃었다.
"호텔에선 늘 혼자였는데 여기는 사람들이 많아서 좋아. 더 이상 외롭지 않아."하고 진심으로 좋아했다. 여기를 선택한 다른 이유 하나는 싸이의 '강남스타일' 때문. '강남'이란 곳에서 한 번 머물러보고 싶었단다. 쇼핑하러 갈 곳도 미리 찾아보고 왔다. 예쁜 가게가 너무 많다며 즐거워한다.
아티스트 에이전시에서 이사로 일하는 그녀는 연예인을 만나러왔다. 한국 가수들이 파리에 오면 자신의 회사와 일한다고 했다. 이번에도 공연을 보면서 가수들을 직접 만나고 갈 계획이다. 사람들이랑 같이 있고 싶어서 계속 카페테리아에 나와 있는 엘리스. 부대찌게를 먹고 온 지 얼마 안돼 또 새로 만난 친구들과 우르르 몰려가서 삼겹살을 먹고 온다. 서래마을에 프랑스 사람들이 많이 산다는 내 이야기에 눈을 반짝거리는 걸 보니, 조만간 서울행을 감행할지도 모르겠다.

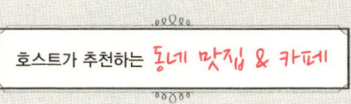

카페 마조앤새디

웹툰 〈마린블루스〉로 유명한 정철연 작가 부부가 운영하는 카페다. 1층은 캐릭터 상품을 진열, 판매하고 2층은 온전히 카페인데 곳곳에 귀여운 캐릭터가 가득하다.
고운 원두로 내린 커피와 보기만 해도 먹음직스러운 디저트가 주메뉴. 메뉴판에 적힌 메뉴 작명 센스에 감탄하게 된다. 여러 가지를 먹어봤지만 다 맛있었다. 야외에 캠핑 장비를 가져다 두었으니 분위기를 내기도 좋다.

price _ 베리베리 5층 빵탑(바닐라, 초코)11,000원, 마조 씁쓸이(아이스/핫 동일)3,300원, 새디 씁쓸이(아이스/핫 동일)4,300원, 요노무 쉐이크(오레오, 딸기 등)6,000원, 살인미슈(티라미수)5,500원
add _ 서울시 강남구 선릉로 148길 12
tel _ 02-512-1204
open & close _ 10:00~23:00

더 집 게스트하우스

여성 전용 부티크 하우스

add _ 서울시 강남구 도산대로 19길 47-1
tel _ 02-545-3352
price _ 도미토리 45,000원, 패밀리룸 160,000원, 싱글룸(대) 96,000원, 싱글룸(소) 76,000원, 트윈룸 130,000원
성수기 및 주말엔 만원씩 추가, 추가 1인당 2만원,
조식제공, 세탁 무료, 와이파이
in & out time _ 2PM, 11AM
web _ the-zip.co.kr
subway _ 지하철 3호선 신사역 8번 출구

● Writer's Comments

지하 1층부터 지상 2층까지 1~3개의 방이 골고루 배치되어 있고, 화장실과 샤워실도 모자라지 않을 만큼 있다. 방과 방이 떨어져 있어 더욱 조용하다. 큰 창문으로 해가 잘 들어오고, 화이트 침구와 원목 침대는 호텔만큼 고급스럽고 깨끗한 분위기를 만들었다. 모든 방에 고급 라텍스 매트리스, 화장대와 스탠드 옷걸이가 있고, 도미토리룸에도 이층 침대 대신 큼직한 라텍스 침대 여러 개가 놓여 있었다.

성형외과와 피부관리실이 연계되어 있어 정보를 얻거나 이용 시 할인을 받을 수 있다. 게스트하우스 대표가 운영하는 재돈 성형외과를 이용하면 무료 숙박 및 할인이 가능하다.

완벽한 휴식을 위한 집

가로수길. 뜨거워진 그곳의 열기는 시간이 지나도 식을 줄 모른다. 변신에 변신을 거듭하며 멋집, 맛집을 가득 거느린 메인 대로. 거기서 2분이면 닿는 곳에 '여성 전용 부티크 게스트하우스 더 집(The Zip)'이 있다.

그야말로 조용하고 안전하고 깔끔한 곳을 찾는 여성들에게 안성맞춤인 곳. 위치를 확인해보니 2년 전 살던 골목이었다. 그새 언제 생겼지? 하루가 멀다 하고 바뀌는 곳이니 그리 놀라운 일도 아니다. 게스트하우스에 도착하니 방 열쇠와 함께 종이에 인쇄된 '이용방법 안내'를 건넨다. 매니저로부터 조용히 쉴 수 있을 것이라는 말을 듣긴 했지만 정말 조용했다. 집 안에 분명히 사람들이 있는데도 말이다.

1 2층 거실에도 쉴 수 있는 공간이 마련되어 있다.
2 섬유탈취제와 스팀다리미를 갖추어 놓은 게스트하우스는 처음 봤다.
3 1인실 뿐 아니라 모든 방이 여유있는 공간으로 꾸며져 있다.
4 식당에 붙어 있는 게스트 보드.

각층의 공용공간마다 벽에 대형 TV가 걸려있고, 고급스러운 소파와 테이블이 놓여있다. 테이블 위에는 각종 잡지와 미용 자료들이 있고, 화장대 위에도 고데기 등 다양한 헤어용품이 갖춰져 있어 여성전용임을 강조하는 것 같다. 한쪽에 스팀다리미도 세워져 있다. 게스트하우스에 없어도 무방해 보이는 것들까지 세심하게 준비되어 있다.

24시간 보안 시스템, 다국어 가능한 직원 상주

더 집이 특별한 이유는 24시간 보안 시스템이 돌아가고, 영어, 일어, 중국어가 가능한 직원들이 사무실에 상주하며 게스트를 도와준다는 것이다. "아무래도 여성분들만 오는 곳이라 세심한 접근이 필요하더라고요."하고 말하는 매니저는 게시판이나 이메일 문의에도 성의껏 답하려 노력한다고 했다.

더 집의 대표는 성형외과 의사. 병원에서 수술을 하고 회복기간 동안 게스트하우스에 머물면서 휴식을 취하는 사람들도 있다. 일반 여행자들과 같은 공간에 있는 게 불편할 수도 있겠지만 여기서는 완벽하게 프라이버시가 존중되기 때문에 문제될 건 없어보인다. 여자들끼리 지내는 만큼 민망할 일도 없다고.

+
Host Interview

매니저 **심**

늘 바쁘지만 즐거워요

일을 그만두고 게스트하우스 창업을 구상 중이었는데 마침 '더 집'에서 홍보 마케팅 매니저를 구한다는 광고를 보고 일하게 되었다. 시작한지 1년 반. 사무실에서 일하는 직원들도 관리하고 게스트하우스도 챙기느라 늘 바쁘지만 즐거운 직장이라고 했다. 할 일이 많아도 시간을 쪼개어 숙박객들에게 가이드가 되어주는 게 가장 재미있다고. "저도 여행을 가면 동네사람이 추천해서 가는 곳이 정말 좋더라고요."하고 말하면서.
부티크 게스트하우스인 만큼 고급스러움을 지향하면서 깨끗하고 조용한 곳이 될 수 있도록 주의를 기울인다는 그녀. 최초의 여성 전용 부티크 게스트하우스라는 것에 자부심을 느끼고 있다고 했다.

이모님

연변에서 온 그녀들의 이모

어느 게스트하우스이든 대부분 한쪽 벽엔 감사 인사가 적혀있는 메모판이 붙어있다. 그런데 이곳 식당 벽면에는 유난히 '이모님'을 향한 감사의 인사가 넘쳤다. 함께 찍은 폴라로이드 사진을 비롯해서 서툰 솜씨로 '이모', '엄마'를 써가며 메시지를 남겨놓은 게 보였다. 사뭇 이모님의 정체(?)가 궁금해졌다. 알고 보니 이곳에 상주하며 집을 관리하고 식사 준비와 청소까지 도맡아 하는 사람. 그녀는 "좋은 시대 만나 태어난 젊은 사람들이 여행 다니며 재밌게 사는 거 보니까 그렇게 좋을 수가 없어."하고 미소를 지었다.
연변에서 온 지 벌써 10년째인 이모는 '더 집'을 '우리집'이라고 표현하며 손님들이 모두 딸 같다고 했다. "나랑 친해져서 서울에 오면 꼭 '우리집'에 오는 아이들도 있어. 석 달에 한 번씩은 온다니까." 외국인들과는 어떻게 소통하느냐고 물어보니 그들에게 한국어를 배우라고 강요한다면서 허허, 웃었다.
그리고 실제로 이모, 엄마, 감사합니다 등 기본적인 몇 가지를 직접 가르치고 있었다. 식사 시간이 지난 뒤에 오는 손님에게도 뭔가 꼭 챙겨주고, 마음 가는 친구들과는 연락처를 교환하기도 한다고.

호스트가 추천하는 **동네 맛집 & 카페**

커피 스튜디오 손탁 호텔

테이블은 몇 개 없지만 다양한 의자들이 놓여 눈길을 끌었다. 꽂혀있는 책들이 모두 흥미롭고, 곳곳에 걸려있는 사진은 근사했다. 음향 좋은 스피커에서는 재즈와 고전음악이 흘러나왔다. 포토그래퍼 김한준과 그의 친구가 의기투합하여 만든 카페다.
메뉴판은 김 작가의 사진으로 만들어 사진이 바뀔 때마다 디자인이 바뀐다. 가로수길에 있지만 붐비지 않고, 한적한 동네 어디쯤 있는 것 같다. 감춰놓고 나만 가고 싶은 곳이라고나 할까. 모히토는 꼭 한번 마셔봐야 한다(무알콜 가능). 월요일은 문을 닫는 날이 많으므로 미리 확인하자.

price _ 커피 5,000원, 모히토 10,000원
add _ 서울시 강남구 도산대로 19길 49
tel _ 02-548-8728
open & close _ 13:00~23:00

다가온 게스트하우스

따뜻함이 녹아 있는 집이라는 의미를 가진 이곳은 남산 가는 길목에 있다. 온돌을 깔아 만든 공용공간과 전통 옹기로 만들어진 족욕 공간이 특징이다. 모든 방에 욕실, 텔레비전, 냉장고 등이 있어서 편리하다. 대나무와 사철나무가 있는 마당이나 정자가 마련된 옥상정원에서 휴식을 취해보자.

add _ 서울시 중구 동호로 235-14
tel _ 02-2238-1123
price _ 도미토리 15,000~25,000원, 싱글룸 45,000~55,000원
          벙크룸 45,000~60,000원, 더블룸 55,000~70,000원
          WIFI, 조식제공, 세탁무료, 간단 취사 가능, 공용PC, 수건제공
in & out time _ 3PM, 11AM
web _ dagaons.com

Feliz 게스트하우스

스페인어로 행복을 뜻하는 Feliz. 서울역과 가까워서 처음 묵었다가 쾌적한 공간과 샤워시설에 계속 가게 되는 곳이다. 모든 방안에 텔레비전, 화장실 겸 샤워실이 있어 편하다. 방안에도, 복도에도 수납장이 있어 여유 있다. 홈페이지에 있는 사진보다 실제가 더 나은 곳이라는 말을 듣는다.

add _ 서울시 용산구 만리재로 192
tel _ 02-711-0202
price _ 싱글룸 40,000~50,000원, 더블룸 50,000~60,000원 (2인 기준)
트윈룸 60,000~70,000원 (2인 기준), 한옥방 75,000~100,000원
(3~5인 기준), 패밀리룸 120,000원 (5인 기준)
샴푸 비누 수건 제공, 조식 토스트, 씨리얼, 계란, 밥, 김치 제공
in & out time _ 2PM, 11AM
web _ fzguesthouse.com

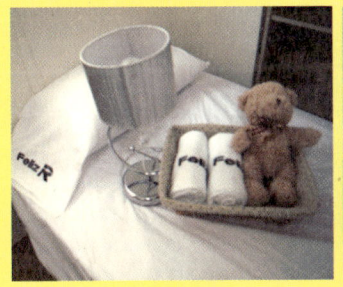

Hostel KW 신사

깔끔한 인상이 좋은 곳으로 홍대 명동 강남 등 서울 시내에 여러 지점을 갖고 있다. 연두색과 빨간색으로 포인트를 준 방 안에는 개인 욕실, 텔레비전, 세탁기, 냉장고, 인덕션, 전자레인지 등이 갖추어져 있어 편리하다. 출장이나 연인 혹은 가족끼리 머물기에 안성맞춤이다. 도미토리룸은 없다.

add _ 서울시 서초구 강남대로 93길 31-5
tel _ 070-8104-8388
price _ 트윈룸 100,000원, 더블룸 100,000원, 트리플룸 150,000원
WIFI, 수건제공, 개별 욕실, 세탁기, 인덕션, TV
in & out time _ 2PM, 11AM
web _ hostelkw.com

kyo's house

경호회사를 운영하는 대표가 오픈한 게스트하우스라 보안 걱정은 뚝! 여성 혼자서도 안심하고 묵을 수 있다. CCTV를 설치하고 보안업체와도 연결이 되어있다. 대표와 건장한 남자 스태프들이 짐도 날라주고 마중을 나오기도 한다.
모든 방에 샤워실이 있고 고급 침구가 기분 좋다. 깔끔한 내부 분위기와 카페같은 공간으로 서울역을 이용할 때 머물기에 안성맞춤이다. 홈페이지나 블로그에서 할인 행사가 자주 있다.

add _ 서울시 중구 청파로 431
tel _ 070-8803-8444
price _ 3인 도미토리 25,000원, 6인 여성 도미토리 20,000원
이코노미 싱글룸 50,000원, 스탠다드 싱글룸 60,000원 (2인까지 가능)
슈패리어 싱글룸 70,000원 (2인까지 가능)
키 보증금 -10,000원, 조식제공, WIFI, 공용 PC
in & out time _ 2PM, 11AM
web _ kyoshouse.com

강남 게스트하우스

역삼역과 강남역 사이 테헤란로 근처에 위치한 고급 단독주택을 게스트하우스로 꾸며 운영하고 있다. 방송 촬영도 몇 번 왔을 정도로 아름다운 집. 영화 속에서나 볼법한 크고 아름다운 창이 인상적이다. 모던한 인테리어와 안락함이 공존한다. 강아지가 있는 마당에서 휴식을 취하기도 하고 호스트가 마련해주는 오붓한 파티를 즐길 수도 있다.

add _ 서울시 강남구 테헤란로 13길 65
tel _ 02-563-7941
price _ 트윈룸 100,000~115,000원, 더블룸100,000~115,000원(더블베드 or 싱글베드2 선택 가능), 스페셜 트윈룸 150,000~173,000원 (더블베드 + 싱글베드)
여성 4인 도미토리 - 40,000~46,000원
주차가능, 조식제공, 세탁가능, WIFI
in & out time _ 3PM, 11AM
web _ www.gangnamstay.com

빅존스 플레이스

강남 한복판에 있는 펜션같은 곳이다. 하얀색 2층집 마당엔 흔들의자와 테이블, 야외온탕까지 있다. 손가락에 꼽을 수 있을 만큼 좋은 침대를 준비했고 다양한 먹거리로 풍성한 아침식사를 제공한다. 호텔에서 일한 경력을 가진 친절한 호스트 커플이 깨끗한 집에서 당신을 맞아줄 것이다.

---

add _ 서울시 강남구 강남대로 110길 31-1
tel _ 02-6203-9132
price _ 도미토리 40,000원, 트윈룸 90,000원(2인),
　　　　패밀리룸 120,000원(4인)
　　　　WIFI, 수건제공, 세탁가능, 조식 제공, 취사가능, 비비큐,
　　　　야외온탕 (20,000원, 4시간 전 예약,수영복 착용)
in & out time _ 2PM, 11AM
web _ www.bigjohnsplace.com

SOO 게스트하우스

게스트하우스 입구에서부터 실내 곳곳 방안까지 파스텔톤의 귀여운 일러스트가 벽을 채우고 있다. 담백하게 손님을 대하므로 머무는 동안 편안하게 지낼 수 있다. 발코니에서 남산타워가 보이고 모든 방에는 텔레비전, 냉장고, 욕실이 있어 편리하다. 근처에 식당이나 카페도 많지만 매일 조금씩 달라지는 아침메뉴가 인기다.

add _ 서울시 중구 퇴계로 20길 25-28
tel _ 070-7539-3141
price _ 1인실 50,000원, 2인실 70,000원 (3인 가능,1인 추가시 20,000원) 패밀리룸 120,000원 (4~5인 가능, 1인 추가시 20,000원) WIFI, 공용PC, 세탁실, 주방 24시간 오픈, 조식 제공, 바디용품 및 수건 제공
in & out time _ 2PM, 11AM
web _ www.sooguesthouse.com

GUEST HOUSE K

블랙&화이트 컨셉트가 멋스럽다. 깔끔한 인테리어 만큼이나 깨끗한 청소상태가 돋보이고 숙박객을 배려하는 나름의 룰이 있는 곳이다. 강남역과 신논현역 사이에 있어 교통이 편리하고 대로변과 멀지 않아 찾기 쉽다.

add _ 서울시 강남구 봉은사로 4길 31-5 (역삼동)
tel _ 070-8156-1593
price _ 도미토리 30,00~35,000원, 싱글룸 55,000~60,000원
더블룸 80,000~90,000원, 개인 캐비넷 (열쇠 보증금 10,000원),
세탁 3,000원, 샴푸, 수건 제공, 조식제공, WIFI, 공용PC,
짐 보관 가능, 간단취사 가능
in & out time _ 3PM, 11AM
web _ www.guesthousek.com/ghk/gn

곰 게스트하우스-서울역점

마스코트인 곰인형이 게스트하우스 곳곳에 있는 아기자기한 인테리어로 여성 이용객들에게 인기가 좋다. 여행을 좋아하는 사람들이 모여 만들었는데 편의를 돕기 위해 리셉션도 24시간 운영한다. 지하철역과 가까워 지하철로 여행하는 사람들에게 적당하다. 명동, 동대문 등 6곳에 지점이 있어 원하는 지점에서 머물면 된다.

add _ 서울시 용산구 후암로 57길 35-8
tel _ 070-8153-7842
price _ 싱글룸 40,000원, 트윈룸 50,000원,
더블룸 50,000원, 트리플룸 65,000원,
패밀리룸 80,000원, 도미토리 20,000원,
WIFI, 공용 PC, 수건 및 샤워용품 제공, 취사가능, 우산,
어댑터, 다리미 대여가능, 조식 제공, 짐 보관, 세탁 무료
in & out time _ 2PM, 11AM
web _ gomr.dothome.co.kr/dgf/

마고 게스트하우스

남산골 한옥마을에서 가까워서 전통문화체험을 하기에 좋다. 온돌방과 침대방으로 나뉘어 있어서 선택이 가능하고 도미토리는 없다. 웹하드를 이용해 사진 보관 걱정을 덜어주고 모닝콜 서비스도 해준다. 가까운 재래 시장에서 장을 봐서 음식을 해 먹고, 가까운 남산 공원에서 신선한 공기를 마시며 산책해 보자.

add_ 서울시 중구 필동 2가 123-3
tel_ 02-2269-1412
price_ 52,000~140,000원 (방과 인원수에 따라 달라지므로 예약시 금액 확인 필요). 조식제공, 세탁무료, 취사가능, 짐 보관 가능, WiFi, 수건제공
in & out time_ 2PM, 11AM
web_ guesthousemago.com

더 자 강남역 게스트하우스

강남역에서 머물 곳이 필요하다면 멀리 갈 필요없다. 저렴한 숙박비로 깨끗한 방에서 지낼 수 있을뿐더러 일주일 지내면 하루는 무료다. 여성 전용 도미토리가 따로 있고 원한다면 한 달 이상 장기숙박도 가능하다. 세계일주 경험이 있는 유쾌한 호스트 부부가 반갑게 맞이해 줄 것이다.

add _ 서울시 서초구 서초대로73길 30, 508호
  (서초동, 서초성우빌리지)
tel _ 070-4007-2717
price _ 4인 여성 도미토리 32,000~35,000원
  6인 도미토리 - 29,000~32,000원
  퀸베드 프라이빗
  1인 - 70,000원 (1박), 1,100,000원 (1달)
  2인 - 80,000원 (1박), 1,500,000원 (1달)
  조식 베이글, 크림치즈 제공, WIFI, 개인 사물함, 수건제공,
  짐 보관, wifi rental 가능-3,000원 (1일)
in & out time _ 2PM, 11AM
web _ www.theja.co.kr

진'S 파라다이스

유난히 각국에서 모여드는 배낭여행객들이 많은 곳이다. 혼자 혹은 둘이 와도 자유롭게 어울리며 친구가 되곤 한다. 훌륭한 전망을 자랑하는 옥상에서는 서울 야경을 벗삼아 파티가 벌어진다. 여성 도미토리가 따로 있고 거실과 주방이 2개라 여유있게 이용할 수 있다. 국기 옆에 나라별 손님이 이름을 적는 벽이 있으니 찾아보자.

add _ 서울시 용산구 이태원동 36-18번지 부강빌딩 7층
tel _ 010-9169-4258
price _ 여성 4인 도미토리 24,000원, 믹스 4인 도미토리 24,000원
　　　믹스 6인 도미토리 20,000원, 더블베드룸 60,000원(2인 기준)
　　　퀸베드룸 60,000원(2인 기준), 트윈베드룸 60,000~90,000원(3인 기준)
　　　커피,차 무료, 김치, 쌀 제공, 세탁무료, WIFI, 짐보관
in & out time _ 2PM, 12AM
web _ blog.naver.com/chaost07

| Seoul tour tip | page 212

+
여행 전에 알아두기

심야 전용 올빼미 버스

서울에서 밤 늦게 택시비 걱정 안하고 다닐 수 있는 방법이 있다. 심야 전용 '올빼미 버스'를 이용하는 것인데 9개의 노선이 있고 자정부터 새벽 5시까지 운행된다.

▶ 요금 : 1,850원(교통카드 기준) ▶ 배차시간 : 40~50분

경로

- **N10** 우이동 → 화계사 → 삼양동 → 길음역 → 돈암동 → 보문역 → 신설동역 → 종로 → 남대문 → 서울역
- **N13** 상계동 → 청량리 → 동대문 → 종로 → 강남역 → 잠실역 → 송파
- **N16** 도봉산 → 미아리 → 대학로 → 동대문 → 퇴계로 → 남대문 → 여의도 → 영등포 → 구로역 → 온수역
- **N26** 강서 → 홍대 → 신촌 → 종로 → 청량리 → 망우동 → 중랑
- **N30** 강동 → 명일동 → 천호동 → 동대문 → 을지로 → 서울역
- **N37** 진관 → 독립문 → 종로 → 한남대교 → 강남역 → 송파
- **N40** 방배동 → 사당역 → 고속터미널 → 녹사평역 → 남대문시장 → 서울역
- **N61** 양천 → 남부순환로 → 신림역 → 사당역 → 강남역 → 삼성역 → 영동대교 → 동일로 → 노원역
- **N62** 양천 → 목동역 → 등촌역 → 연대앞 → 신촌역 → 왕십리역 → 건대입구 → 군자역 → 면목동

환승 가능 버스

서울역, 동대문, 종로, 강남역 등지에서 환승 가능하고 긴 노선은 배차시간의 공백을 최소화했다.

- 서울역 환승 가능 버스 – N10, N30, N40
- 동대문 환승 가능 버스 – N10, N13, N16, N26, N30
- 종로 환승 가능 버스 – N10, N26, N37
- 강남역 환승 가능 버스 – N13, N37, N61

실시간 정보와 자세한 경로 확인 가능한 곳

- http://topis.seoul.go.kr.
- 서울교통포털(무료어플)
- 교통정보센터 모바일웹(m.bus.go.kr)
- 정류소에 설치된 도착 안내 단말기(BIT)

무거운 짐 들고 다니지 말자

서울에 있는 지하철역엔 대부분 물품 보관소가 있다. 게스트하우스에서 짐을 맡아주지만 외출 했다가 다시 돌아가서 짐을 들고 나오는 일이 번거롭다고 느껴질 때 지하철역에 있는 물품보관소를 이용하면 된다. 일주일이 지나면 물품보관센터로 옮겨지고 한달이 지나면 폐기처리 한다는 점을 기억하자.

▶ 요금 : 기본 6시간에 2천원, 시간별로 추가 요금 발생 (휴대폰, 신용카드, 현금, 교통카드 – 현금 이용시 천원 혹은 500원 동전만 가능)
▶ 문의 : 1599-2740

물품 보관소 위치와 수량

1호선
서울역(5), 시청역(2), 종각역(3), 종로3가역(3), 종로5가역(1), 동대문역(2), 신설동역(1), 제기동역(1), 청량리역(1)

2호선
시청역(1), 을지입구역(3), 을지3가역(1), 을지4가역(1), 동대문 역사문화공원역(2), 신당역(1), 상왕십리역(1), 왕십리역(1), 한양대역(1), 뚝섬역(1), 성수역(1), 건대입구역(3), 구의역(1), 강변역(3), 잠실나루역(1), 잠실역(5), 신천역(2), 삼성역(2), 선릉역(2), 역삼역(2), 강남역(2), 교대역(1), 서초역(1), 방배역(1), 사당역(2), 낙성대역(1), 서울대입구역(2), 봉천역(1), 신림역(1), 신대방역(1), 구로디지털단지역(1), 대림역(1), 신도림역(3), 영등포구청역(1), 당산역(1), 합정역(1), 홍대입구역(3), 신촌역(1), 이대역(1), 아현역(1), 충정로역(1), 신정네거리역(1)

3호선
구파발역(1), 연신내역(1), 불광역(1), 녹번역(1), 홍제역(2), 독립문역(1), 경복궁역(1), 안국역(1), 종로3가역 1, 을지로3가역(1), 동대입구역(1), 약수역(1), 압구정역(3), 신사역(1), 고속터미널역(4), 교대역(1), 남부터미널역(1), 양재역(2), 도곡역(1), 수서역(1)

4호선
상계역(1), 노원역(1), 창동역(2), 쌍문역(1), 수유역(2), 미아역(1), 미아사거리역(1), 길음역(1), 성신여대입구역(2), 한성대입구역(1), 혜화역(3), 동대문역(2), 동대문역사문화공원역(3), 충무로역(1), 명동역(1), 회현역(2), 서울역(2), 숙대입구역(2), 신용산역(1), 이촌역(1), 동작역(1), 총신대입구역(2), 사당역(2)

5호선
방화(1), 김포공항(1), 송정(28), 발산(1), 우장산(1), 화곡(1), 까치산(1), 목동(1), 오목교(1), 영등포시장(1), 여의도(2), 여의나루(1), 마포(1), 공덕(1), 충정로(1), 서대(1), 광화문(1), 종로3가(1), 왕십리(1), 답십리(1), 장한평(1), 군자(1), 아차산(1), 광나루(1), 천호(3), 강동(1), 길동(1), 굽은다리(1), 명일(1), 고덕(1), 둔촌동(1), 올림픽공원(1), 방이(1), 개롱(1)

6호선
응암(1), 역촌(1), 불광(1), 연신내(1), 구산(1), 증산(1), 디지털미디어시티(1), 월드컵경기장(1), 마포구청(1), 망원(1), 합정(1), 상수(1), 효창공원앞(1), 삼각지(1), 녹사평(1), 이태원(1), 한강진(1), 약수(1), 청구(1), 신당(1), 동묘앞(1), 보문(1), 안암(1), 고려대(1), 월곡(1), 돌곶이(1), 석계(1), 화랑대(1)

7호선
수락산(1), 마들(20), 노원(1), 중계(1), 하계(1), 공릉(1), 태릉입구(1), 먹골(1), 중화(1), 상봉(1), 면목(1), 사가정(1), 군자(1), 어린이대공원(1), 건대입구(1), 뚝섬유원지(1), 청담(1), 강남구청(40), 학동(1), 논현(1), 고속터미널(2), 내방(1), 이수(1), 남성(1), 숭실대입구(1), 상도(1), 장승배기(1), 신대방삼거리(1), 보라매(1), 신풍(1), 대림(1), 남구로(1), 가산디지털단지(1), 철산(2), 광명사거리(1)

8호선
천호(1), 강동구청(1), 잠실(1), 석촌(1), 송파(1), 가락시장(1), 문정(1), 남한산성입구(1), 단대오거리(1), 신흥(1), 수진(1), 모란(1)

9호선
개화(1), 김포공항(1), 신방화(1), 양천향교(1), 가양(1), 증미(1), 등촌(1), 염창(1), 신목동(1), 선유도(1), 당산(1), 국회의사당(1), 여의도(1), 샛강(1), 노량진(1), 노들(1), 흑석(1), 동작(1), 구반포(1), 신반포(1), 고속터미널(2), 신논현(1)

강남시티투어

매력적인 강남을 쉽게 여행할 수 있는 방법이 있다. 트롤리 버스를 타고 강남 투어를 하는 것인데 압구정, 강남역, 가로수길 등 21곳에 정차한다.

▶ 출발장소 : 지하철 3호선 압구정역 5번 출구 100m 국민은행 앞
▶ 출발시간 : 10:00 10:50 11:50 13:00 14:00 15:00 16:00 17:00 17:30(주말) 18:00 18:30(주말) 19:00 20:00(주말) 20:00
▶ 요금표

	1 day	2 day	사전예매
성인	12,000원	18,000원	10,000원 / 16,000원
청소년(13~18세)	10,000원	15,000원	9,000원 / 14,000원
소인(48개월~12세)	6,000원	10,000원	5,000원 / 9,000원

▶ 운행노선 관광정보센터 → 압구정로데오 → 청담명품거리 압구정 → 프리마호텔 → 리베라호텔 → 봉은사 → 코엑스 → 양재천 → 광평대군 묘역(필경재) → 그랜드인터컨티넨탈 호텔 → 선릉과 정릉 → 르네상스 호텔 → LG아트센터 → 국기원 → 강남역 → 리츠칼튼 호텔&노보텔 → 삼정호텔 → 임페리얼 팰리스 호텔 → 도산공원 → 가로수길(영동호텔) → 가로수길(현대고등학교)

▶ 문의 02-3448-5519, www.gangnamtour.go.kr

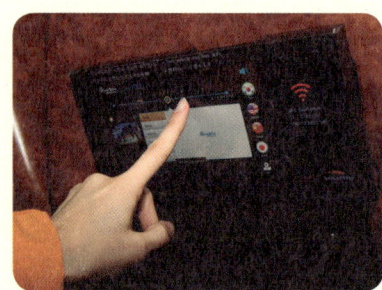

서울시티투어

1층 버스

원하는 정류장에서 하차 후 자유 관광을 하고 30분 간격으로 오는 버스에 다시 탑승해서 다니면 된다.

▶ 출발장소 : 지하철 5호선 광화문역 6번 출구 앞 코리아나 호텔 옆
▶ 운행 시간과 요금

	도심순환코스	야간코스
운행시간	오전 9시 – 오후 9시 (막차 오후 7시 출발)	오후 7시 30분 출발
간격	30분 간격	1일 1회
순환시간	약 2시간	약 1시간 30분
성인요금	12,000원	6,000원
고교생 이하 요금	10,000원	4,000원

현금,카드,티머니로 티켓박스나 버스에 탑승해서 티켓을 구입할 수 있다.
보호자 동반시 5세 미만 어린이 1명 무료.

▶ 도심순환코스 광화문 → 덕수궁 → 남대문 시장 → 서울역 → USO → 용산역 → 국립중앙박물관 → 전쟁기념관 → 미군용산기지 → 이태원 → 크라운호텔 → 명동 → 남산골 한옥마을/한옥의집 → 소피텔엠버서더호텔 → 국립중앙극 → N타워 → 하얏트호텔 → 타워호텔 → 신라호텔 → 동대문 시장 → 대학로 → 창경궁 → 창덕궁 → 인사동 → 청와대 → 국립민속박물관 → 경복궁 → 광화문

▶ 야간코스 광화문 → 덕수궁 → 마포(홀리데이) → 국회의사당 → 서강대교 → 강변북로 → 성수대교 → 한남대교 → N서울타워 → (남산도서관) → 숭례문 → 청계광장

2층 버스

▶ 출발장소 : 지하철 5호선 광화문역 6번 출구 앞 코리아나 호텔 옆
▶ 출발시간 : 광화문 기준 첫차 10 : 00AM / 막차 17:00 PM
▶ 운행 시간과 요금

	서울 파노라마 코스	야간코스
출발시간	10am 11am 12pm 13pm 14pm 15pm 16pm 17pm	19:30pm
요금	15,000원(성인) 10,000원(학생)	12,000원(성인) 7,000원(학생)

광화문 정류장에서만 처음 승차 가능
(야간 코스는 중간 정류장 승하차없이 논스톱 운행)

▶ 서울 파노라마 코스 광화문 → 청계광장 → 명동 → 서울 애니메이션 센터 → 남산케이블카 앞 → 밀레니엄 힐튼호텔 → 남산도서관 → 63빌딩 → 하얏트호텔 → 여의나루역 → 홍대앞(관광안내소) → 홍대앞(공항철도역) → 신촌역(이대앞) → 세종문화회관

▶ 야간코스 광화문 → (서소문) → 마포대교 → 여의도 → 강변북로 → 반포대교 → 올림픽대로 → 영동대교 → 한남대교 → 남산순환로 → 남산도서관 → 숭례문 → 청계광장 파이낸스센터 앞

▶ 문의 02 -777- 6090, www.seoulcitybus.com

+
스마트한 여행을 위해

스마트폰 어플리케이션

서울을 여행하면서 도움이 될만한 스마트폰 어플리케이션을 골랐다. 똑똑하고 야무진 정보를 한눈에 볼 수 있다. 심지어 무료!

서울 관광

1. I tour Seoul 아이폰/안드로이드
현재 위치를 기반으로 서울시의 주요 관광명소, 맛집, 숙박 등을 검색할 수 있고 상세 정보와 경로정보가 제공된다. 지도와 외국어가 지원된다.

2. 스마트투어 아이폰/안드로이드
대한민국 대표 관광지와 박물관, 그리고 시티투어 곳곳에 숨어있는 역사와 문화 이야기를 들을 수 있다. 나만의 맞춤 여행 테마를 만들고 방문한 관광지는 발도장을 찍을 수 있다. 오디오 안내 듣기와 사진 감상 및 위치 보기가 가능하고 내 주변 관광지 소개, 외국어 지원, SNS공유하기 등이 된다. wifi에서 오디오 파일을 미리 다운 받을 수 있다.

3. 서울 도보 여행 아이폰/안드로이드
서울의 역사와 문화를 재미있는 이야기로 들려주는 오디오 가이드이다. 내레이션, 약식지도, 텍스트, 사진 등으로 구성되고 외국어가 지원된다. 청계천, 종로, 광화문 일대를 볼 수 있다.

4. 대한민국 구석구석 아이폰/안드로이드
한국관광공사에서 제공하는 모바일 관광정보 서비스이다. 사용자의 현재 위치를 파악해서 주변의 관광지, 음식, 숙박, 축제 등의 관광정보를 제공한다. 3만여건에 이르는 정보가 수록되어 있으며 여행지까지의 길찾기 기능도 있다. 숨겨진 명소를 보여주기도 하고 컨텐츠 보관도 가능하다.

여행 기록

1. 여행노트 아이폰/안드로이드
글과 사진으로 나만의 여행기를 쓸 수 있다. 실시간으로 여행 사진과 정보를 공유할 수 있다. SNS와 연동이 가능하며 다른 사람들의 여행기를 볼 수도 있다.

2. 플라바 아이폰/안드로이드
텍스트, 사진, 동영상, 위치, 음성녹음, 책, 음악, 영화, URL 입력을 지원한다. SNS 공유가 가능하고 잠금 설정이나 필터 등 부가기능도 있다. 자체 클라우드 서비스가 있어서 보관이 쉽고 다른 모바일 기기와 PC에서도 동기화가 된다. 개인적인 여행기 혹은 일기장 등 순간적인 일상을 저장하기 좋다.

3. Tripvi 아이폰/안드로이드
수백 장의 여행사진을 시간과 장소별로 정리하고 나만의 동영상을 만들 수 있다. SNS로 공유할 수 있고 PC에서 확인도 가능하다.

문화정보

1. 문화와 문화유산 아이폰/안드로이드
한국문화정보센터와 문화재청에서 제공하는 공연, 전시, 문화재 등을 분야, 지역, 기간별로 검색해서 찾을 수 있다.

2. 무료 문화정보 아이폰/안드로이드
서울문화재단에서 만든 서울의 작고 알찬 무료문화정보를 모았다. 앞으로 일주일 동안 열리는 행사를 안내 받거나 SNS로 공유도 가능하고 내 주변의 정보가 지도에서 찾아지거나 좋은 정보를 직접 등록할 수도 있다.

기타

1. 큐플레이스 아이폰/안드로이드
서울의 명소나 데이트코스, 맛집, 카페, 공연, 전시 등을 큐레이터가 소개해준다. 무엇을 해야할지 고민 될 때 쓰면 좋다.

2. 간편도로명 주소
바뀐 주소에 당황하지 말고 찾아보자.(영문 변환 가능)

기본 주소 변환
① 도로명주소 찾기 : 지번주소 → 도로명주소 변환
② 지번주소 찾기 : 도로명주소 → 지번주소 변환
③ 건물명으로 주소찾기 : 건물명 → 지번주소, 도로명주소 변환